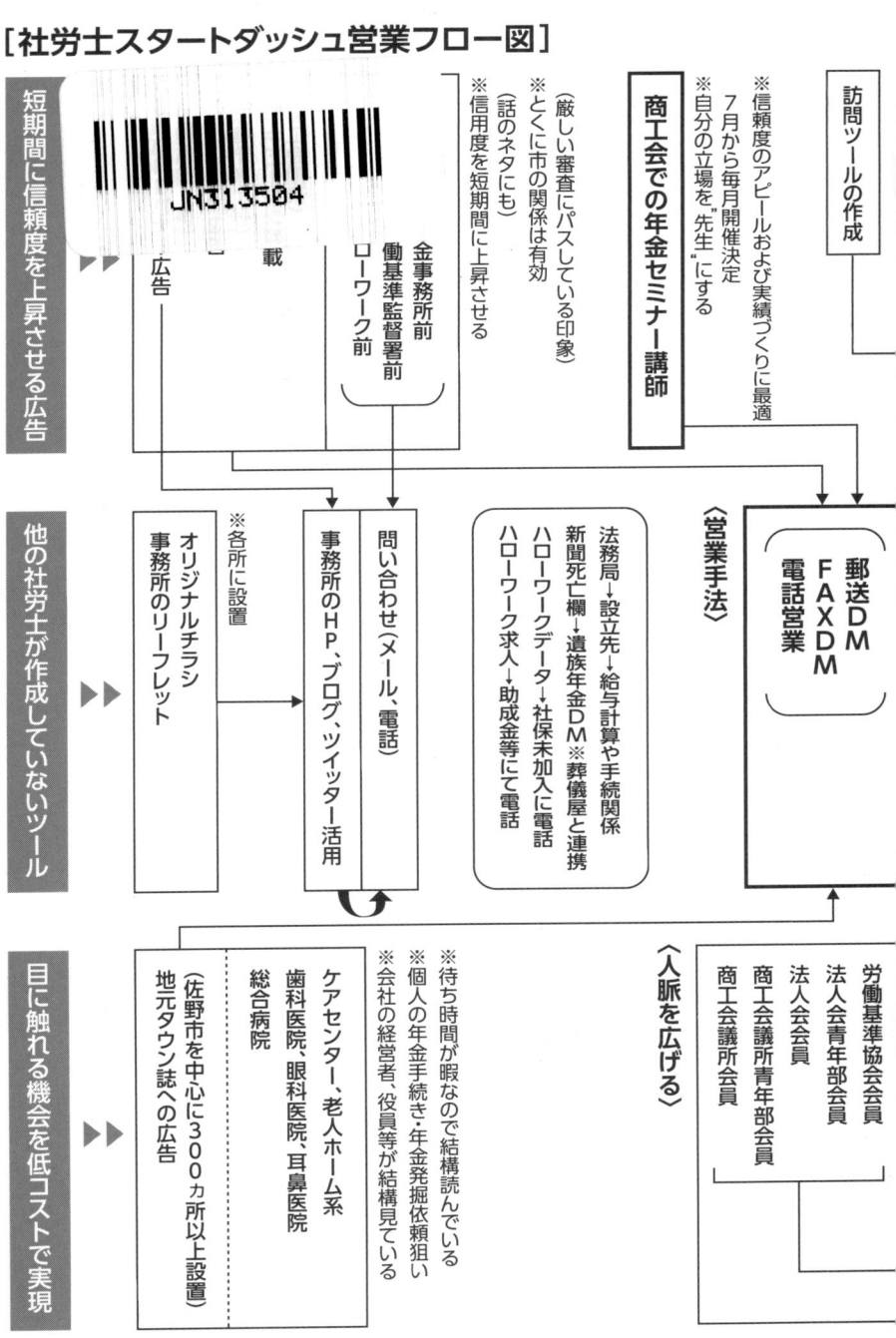

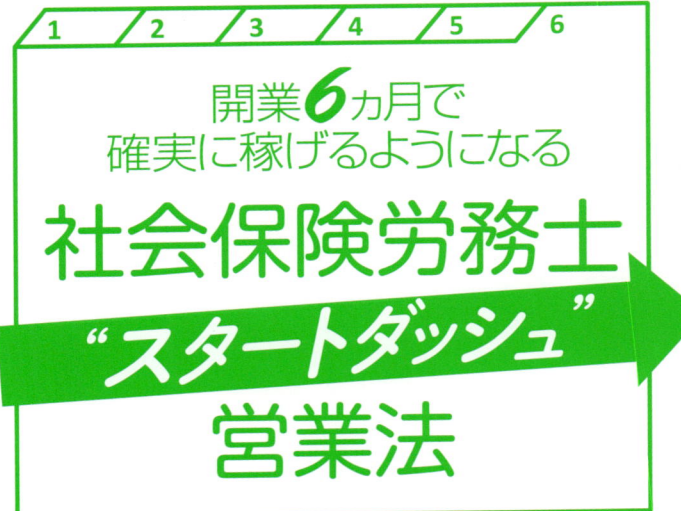

開業6ヵ月で
確実に稼げるようになる

社会保険労務士
"スタートダッシュ"
営業法

田中 実

同文舘出版

はじめに

本書を手にして読んでいる「あなた」は「社労士に興味がある」、「これから開業する」、「開業しているが、思ったよりもうまくいっていない」のどれかに当てはまると思われますが、本書と出会うことができた方は非常に幸運だと思います。

なぜなら、この本は「誰でもできる方法（実績、人脈、大金がなくても）」で自分自身の社労士としての存在感を最大限に高め、そしてアピールすることで仕事を獲得する方法が公開されているからです。

従来の社労士の概念を払拭し、開業時の新しいスタイルの確立モデルとして、私自身が考案・実践してその効果を記載しています。

世間一般では、社労士では生活ができないと言われていますが、そんなことはありません。あなたが、社会保険労務士の資格に依存するのではなく、逆にその資格を活用することにより道は大きく開け、あなたの社労士道が夢と希望に満ち溢れたものになります。私は、これほどすばらしい資格はないと考えています。

あなたは、難関資格である社会保険労務士試験に合格して開業する、または開業しているのですから、自分自身にもっと自信を持つべきです。社労士として成功できるかどうか、それはあなたの「やり方しだい」です。

本書の内容をここまで徹底して行動している人は皆無と思われるため、今がチャンスなのです。

本気で行動すれば、特別なことは必要ありません。何もしなければ何も始まることはありません。本書を読み終えた後は、目標（やるべき行動）に向けて実行するだけで、他の社労士よりも早く、そして確実に1000万円プレーヤーになることが可能です。

早速、本書をじっくりとお読みいただき、あなたの「あなたの社会保険労務士事務所」を輝かせてください。

社労士としての知識、能力は、ただ「待ちの姿勢」だけでは、世間に気づいてもらうことはできません。また社労士だからと言って、その部分に固執し、プライドにより積極的に行動できなければ、収入を得ることは難しいでしょう。お客様が求める現代の社労士像を理解し、活動する必要があるのです。

本書をフル活用していただき、早期に事務所収入を安定させることで「すべてのお客様を幸せにすること」が社会のため、ひいてはあなた自身の利益にもつながるのです。

2011年1月

田中社会保険労務士事務所　佐野新都心オフィス

代表　田中　実

開業6カ月で確実に稼げるようになる
社会保険労務士"スタートダッシュ"営業法

目次

はじめに

1章 6ヵ月スタートダッシュ営業法心得

1 なぜ、スタートダッシュを切らなくてはならないのか？ 12
2 どうやって、スタートダッシュを切るのか 16
3 自分自身の人生の棚卸をしよう 19
4 事務所名は重要！ 差別化できる事務所名をつけよう 23
5 あなたの事務所は存在しているか？ 26
6 各種DMを実行する前には信用度向上の仕込みが重要 30
7 人とは違った、独創的な営業法を心がけよう 34

2章 1カ月目に実施する事項

1 事務所開設時の基本事項 46
2 ホームページの作成について 50
3 HP完成後にやるべきこととは 54
4 戦略的なブログの作成 58
5 インパクト名刺の作成方法 60
6 事務所リーフレットの作成と活用方法 66
7 効果的な電柱広告の設置場所と活用方法 71
8 商工会、法人会、労働基準協会等への加入について 74
9 1カ月目の目標 76

8 紹介して下さる方に対する資料提供とは 36
9 損益計算書における助成金効果を把握し、別の視点からもアプローチする 40

3章 2ヵ月目に実施する事項

1. 事務所リーフレットの設置場所と設置方法 80
2. 市区町村のHPバナー広告を掲示(行政のお墨つき第1弾) 84
3. 市区町村運営のバスへの車内広告掲示(行政のお墨つき第2弾) 89
4. 給与ソフトの選定および購入方法 92
5. 電子申請活用で24時間365日対応可能(事務手続き全国対応解禁) 95
6. 各種交流会、セミナー等に参加する際の注意事項 98
7. 営業ツールの充実を図ろう 101
8. 2ヵ月目の目標 104

4章 3ヵ月目に実施する事項

1. 商工会議所等のセミナー講師で実績づくり 110
2. 法人会、商工会の会員事業所に対する営業法 113

5章 4カ月目に実施する事項

3 実績を活かしたDMチラシの作成方法 117
4 事務所のHPを更新する意味とは？ 120
5 大手生命保険会社個人代理店を併設する相乗効果 122
6 効果的な電話営業法——具体的なターゲットの選定 125
7 3カ月目の目標 129

1 大手保険会社個人代理店を活用した具体的な営業法 132
2 給与計算は宝箱、いろいろな業務が付属する 136
3 助成金を最大限活用した上手な営業法 140
4 入口商品用の助成金の具体例 144
5 セット販売できる助成金の具体例 149
6 個人経営者向け付加年金チラシ等のお得情報活用術 155
7 4カ月目の目標 158

6章 5カ月目に実施する事項

1 会社設立時の社会保険手続関係のDM作成法
2 会社設立情報の入手法と営業方法 166
3 懇親会等でお会いした方へのアプローチ法 170
4 お客様から何でも任せられる社労士とは 173
5 5カ月目の目標 176

7章 6カ月目に実施する事項

1 他の社労士との業務提携について 180
2 顧問先を定期訪問する理由 185
3 遺族年金手続DMの作成方法 189
4 遺族年金のDM送付情報の入手方法 193
5 優先順位を決めて効率的に仕事をする方法 196

- **6 事務所の体制を見直す時期の到来** 201
- **7 6ヵ月目の目標** 206
- **8 1年目、2年目も継続するべし!** 208

装丁／本文デザイン・DTP　ジャパンスタイルデザイン(山本加奈・榎本明日香)

1章
6ヵ月スタートダッシュ営業法心得

1 なぜ、スタートダッシュを切らなくてはならないのか？

あなたが、社会保険労務士事務所を開業した際、豊富に資金があり、開業費および事務所維持費、ならびに当面の生活費（3年分程度）を準備できていれば、スタートダッシュを切らなくても大丈夫かもしれません。しかし大多数の方は、資金的にも恵まれておらず、さらに特別な人脈も持っていないのが現実です。

だからこそ、あなたはこの書籍を手に取って読んでいるのでしょう。

社会保険労務士事務所を開業するためには、全国社会保険労務士会連合会に登録、所属する都道府県の社会保険労務士会の会員となる必要がありますが、その際には数十万円単位の費用がかかり、さらに毎年数万円の年会費（前払い）も負担する必要があります。

したがって開業する際には、一般的に300万円程度＋さらに生活費用が必要となります。

※私の場合の登録費用等

①全国社会保険労務士会連合会個人会員登録手数料3万円、②栃木県社会保険労務士会入会金15万円、③入会時2、3月分の年会費月割1万4千円の合計＝19万4千円が必要でした。

さらに、社労士のバッジ代金が約8千円、そして4月に入ると、年会費の前払いとして8万4千円の支出が発生しました。

また、開業をする際のPCやプリンター、デスク一式、必要書籍、広告宣伝費等で200万円以上の費用が発生しています（ちなみに私は、自宅開業なので、その程度でしたが、事務所を借りる場合には当然、賃料や改装費等も発生するため、さらに費用がかかる）。

さらに、開業後に重くのしかかってくる支出として、①国民年金2人分（自分と妻の分）約3万円、②国民健康保険料約5万円、③住民税約2万円の合計10万円が月単位で発生（②および③については、個人差がある）＋住宅ローンの返済や子供の養育費、保険料、食費等の生活費があるわけですから、たいへんな金額となります。

この状況下では、「ただぼさっと」、事務所の椅子に座ってお客様を待っているわけにはいきません。

他の新人社労士から聞く話で、開業する前のほうが手取収入もあったし、会社に出勤さえしていれば給料をもらえたので、明日の生活の心配をすることもなかった。社会保険労務士事務所を開業した今が、最も収入がない、という意見もよく耳にします。

しかし、思い出してください。何のために、テレビも見ないで疲れた体に鞭打って、休みの日も潰して勉強し、お金をかけて必死な思いで社労士試験を受けて、やっとのことで合格をつかみ取ったのか。さらに、安定した収入を捨ててまで開業し、自分の思い通りに事務所を運営したかったからでしょう。そして、現状では満足できない環境だから、資格を取得して開業し、現状よりも稼ぎたいから、というのが本音だったのでは

ないでしょうか？　いくら、きれいごと（「社会貢献」や「経営者、従業員等の力になりたい」）を言ったとしても、慈善事業では生きていくことはできないため、実際のところは前者が本音だったはずです。私自身もそうでした。

では、なぜ今までがんばってこられたのか？　これは、現状への不満からではないでしょうか。現状に満足していれば、ほとんどの方は苦しい思いをしてまで、次のステップに進もうとは思わないはずです。

ですから、その不満により開業をして、すばらしい人生を手に入れようとしたのであれば、開業しても仕事がないという状況に対して、満足できるわけがありません。

したがって、やれるだけのことはやる、やらなければ廃業する、という認識を持つ必要があります。

しかしこのように思えるようになるのは、通常は資金が底をつき、身動きすらできない状態にまで追いつめられてからになります。もう、この時点で気がついても手遅れなのです。

だからこそ、厳しいようではありますが、現実をお伝えしました。

開業後に、すべて後手になって資金ショートにより廃業する方と、最高のスタートダッシュで事務所やあなた自身を最大限にアピールして仕事を獲得していく場合とでは、その後の人生がまったく異なるものになることは、言うまでもありません。

成功するためには、まずは基本的な考え方を身につけ、さらに開業当初から実施すべきこ

とを把握して実践していくことが重要です。

スタートダッシュが切れず、仕事もほとんどない状態では、廃業するのは目に見えており、現にそのような方は大勢います。そうなると、それまでの社労士資格取得の苦労や開業時に支出した金額、さらにはそこに費した時間もすべて無駄になってしまいます。

そうならないためには、どうしたらいいのか？

その解決方法のキーワードは「スタートダッシュ」です。

他の方がのんびりと歩いている中、あなたは、それに歩調を合わせていてはいけません。厳しい現状から脱するためには、絶対「スタートダッシュ」が必要なのです。

2 どうやって、スタートダッシュを切るのか

ここまでで、スタートダッシュの必要性を理解していただけたことと思いますが、次は具体的に、どうやってスタートダッシュを切るのかを説明します。

本書の前見返しに、「社労士スタートダッシュ営業フロー図」がありますが、まさにこれに基づいて行動をしていくことになります。

この書籍の題名の通り、6ヵ月間で年収1000万円を稼げるようになるためには、月ごとに実施しなければならない事項があります。

その詳細については、2章以降に記載していますが、実施する目的はすべて次の3つにつながってきます。

それは、①あなたの事務所の存在を知ってもらう、②短期間で信用度を飛躍的に向上させる、③より多くの人と出会う、ためです。

次に、スタートダッシュを切るうえでの心構えですが、それは「**すべてのことを同時進行で行なう**」ということです。その理由は簡単です。一つひとつを個別に実施していたのでは、期間がかかりすぎて効果が表われるのが遅くなるからです。効果をより早く出すためには、すべてを同時進行で行なうことが重要になってくるのです。

最初の1ヵ月目はHPの作成、戦略的なブログの作成等、PCを使用した入力作業が多くなります。それと同時に、インパクト名刺の作成と事務所リーフレットの作成に取りかかり、さらに電柱広告の設置や各種団体（商工会、法人会）への加入等、事務所の基盤を作る準備期間になります。

2ヵ月目は、作成した事務所リーフレットの設置、市区町村のお墨付きを得るための広告や電子申請の手続き、給与ソフトの購入、さらには営業ツールの充実など、本格的な活動の前段階になります。

3ヵ月目は効果的なDMの配布、電話営業等を始めながら、法人会や商工会等の会員事業所への営業も同時に行ない、本格的な営業活動が開始となります。

4ヵ月目は、助成金をフル活用した営業や給与計算での顧問契約獲得など、具体的に仕事を受注しながら、さらに付加年金のオリジナルチラシを作成して、個人経営者にお得な情報提供をしてターゲットを広げていきます。

5ヵ月目は新しい営業法として、会社設立時の社会保険等の手続きの受注を狙うためのDMを配布しながら、助成金等でのスポット契約先からの就業規則の見直し・作成の仕事を受注することを目標として活動します。さらに、既存の顧問先に対してもサービスの低下が起こらないように注意します。

6ヵ月目は、保険代理店の活動を社労士の仕事に結びつけるため、コンサル業務を視野に

入れ、お得な経営者保険のDMも開始して、常に立ち止まることなく、新しいことにチャレンジしていきます。この時期になると、同時にいくつもの仕事を抱えながら業務を行なうことになるため、優先順位をつけて期日までに確実に仕上げるという管理が必要となってきます。

このように、月別に実施することが多数あるため、すべてが同時進行でなければできないのです。同時進行と言っても、1ヵ月は約30日あるわけですから、1日1日実施することを決め、確実に処理していけば決してできないことはありません。要はやる気です。「どうしてもスタートダッシュして成功するんだ!」という強い意志こそが、あなたを成功へと導いてくれるのです。

本書に記載している事項は、私が実際に実施して効果があったことばかりです。これらの中には、地域性の問題や資金的なことでできないことがあるかもしれませんが、その際にはまったく同じことをする必要はありません。私と同じ「発想」で行動すればいいのですから、別の方法でも、あなたに向いた方法があるかもしれません。私が実施した「誰にでもできるスタートダッシュの営業法」をできる限り実施して、プラスアルファであなたの考えたことを織り交ぜて行なえば、さらに効果的であることは言うまでもありません。

重要なのは、とにかく行動することです。せっかく本書と巡り合えたのですから、ただ読んで終わりではなく、必ず実行してみてください。

3 自分自身の人生の棚卸をしよう

ここでは、あなたが社会保険労務士事務所を開業するまでの人生を振り返り、整理（棚卸）をしていただきたいと思います。

なぜ、そんな面倒なことをするのかと言うと、まず自分自身と向き合い、自分の「武器」を見つけるためです。あなたも開業するまで、いろいろな経験があったことと思います。その経験は、誰にも真似のできない「貴重な経験」であり「財産」です。

よく、「自分は人に話せるような経験はない」とか「社労士業務とはまったく関係がない仕事をしていたので」、「実務経験がないので」と口にされる方がいますが、実はその経験こそが最も重要なのです。

では、わかりやすいように、いくつか例を挙げてご説明します。

① 前職がトラックの運転手の場合

物流業界のこと、現場の雰囲気、労働条件、運送経路、多数の積み込み先、納入先企業の場所や情報、フォークリフトの操作方法等、他の社労士が知らない経験（情報）を豊富に持っていることが圧倒的な強み（武器）になります。この経験を活かして、トラック業界を営業先としたり、積み込み先や、納入先へアプローチすることも可能となります。現場の従業

員の気持ちを理解できる社労士として、コンサル業務も行なうことができるでしょう。

② 前職がフリーターで、いろいろな場所でアルバイト経験がある場合

いろいろな職場での経験があるため、さまざまな業種の現場を理解し、就業規則等を作成する際にも、現場の意見や実情を把握しながら、実態に即したものを作成することが可能となります。広範囲での業界把握ができているため、営業する際にもアプローチがしやすく、経営者と話をする際にも説得力が生まれます。

③ 前職が企業内での経理事務担当者の場合

企業内での経理事務を把握しているため、総務（社労士的な業務）・経理（前職の経験）をトータルにサポートすることができ、両方に精通していることがアピールできる。

④ 前職が営業職の場合

営業で、さまざまな企業を訪問した経験、商品のアピールポイントを見つける能力、商品を説明する話法等、社労士の営業につながる要素が非常に多く、企業訪問の経験が豊富なため、社労士の営業についても、臆することなくできるというメリットがある。

このように、前職での経験はいろいろな分野で活かすことができます。前職で、社会保険労務士事務所に勤務していないからとか、会社の総務で給与計算や社会保険等の手続きをしていたわけではないから、といった心配は無用です。逆に、あなたの経験のほうがよほど重要な武器となるはずです。

[経験の洗い出し]

①学生時のアルバイト経験
- コンビニ等の現場経験
- さまざまな業種での現場経験

②派遣社員での勤務経験
- 派遣社員待遇の経験

③床暖房製造メーカーでの総務経理経験（約10年）
- 経理処理全般
- 給与計算
- 社会保険手続
- 銀行交渉
- 資金表作成（1万回以上の実績）
- 展示会対応
- 平社員→係長→課長→部長代理

※管理職の仕事方法や責任の重さを経験

④プラスチックパレット製造メーカーでの総務経理経験（約4年）
- 予算管理
- 税務計算
- 前職の管理職より末端の平社員を経験

●使用する武器の選択
- 銀行交渉や資金繰表作成術
- 経理処理面より助成金活用営業
- 各種実務経験、管理職経験から信用を得る
- 多数の現場経験から現場もわかる社労士をアピール

[流れ図]

あなたの経験の洗い出し
▼
社労士業で使用する武器の選択
▼
その武器の活用方法の模索
▼
あなたの営業スタイルの選択
▼
あなたに足りない部分を補足する
▼
実際に行動を始める

私の場合の人生の棚卸については、21ページの表の通りですが、あなたも自分自身の経験の洗い出しをして、その中から自分が社労士業で活用できそうな武器を探し出してください。

その流れは上図の通りです。

人生の棚卸の重要性を理解していただけたでしょうか。紙に書き出してみると、自分はこんな経験もしていたのか、と案外忘れていた経験も発見できます。この作業を、面倒だからと言って行なわないと、自分の武器もわからず、何の武器も持たないまま戦い（営業）を挑むことになります。

社会保険労務士として開業したわけですが、最終的には「あなた自身が商品」であり、あなたがいかに優れた知識を持ち合わせていたとしても、お客様である会社に選んでいただかなければ何も始まらないのです。

4 事務所名は重要！ 差別化できる事務所名をつけよう

あなたの事務所名は何でしょうか。もう決定していますか。それとも思案中でしょうか。

他の社労士事務所と差別化できる事務所名は、今とくに重要になってきています。

従来だと、○○社会保険労務士事務所（※○○が苗字や苗字＋名前）が圧倒的に多かったと思いますが、それでは個性がなく差別化もできません。

たとえば私の場合、名前が「田中実」ですから、「田中社会保険労務士事務所」や「田中実社会保険労務士事務所」となります。

しかし、これではインターネットの検索サイトで事務所名を検索した場合、同じ事務所名が多数表示され、自分の事務所を見つけるのも困難です。

したがって、このようなことから一部の進んだ社労士では、東京○○人事、○○○労務管理事務所、大阪○○オフィス、○○社労士オフィス、○○人事労務、○○相談センターなど、差別化できる事務所名にしている方が少なくありません。

そこで、あなたの事務所名を何にするのかを考えていただきたいのですが、もし苗字が珍しいもの（たとえば、伊集院、勅使河原、蝶間林、瑠璃垣等）であれば、そこを活かして事務所名をつけるのもいいでしょう。そうでない場合には、東京、大阪、北関東、南関東、大

日本等の地名で事務所名を考える方法もあります。

なお、事務所を自宅で開業されている方でも、事務所名によっては、お客様のイメージはまったく異なってきます。

私の場合には、先ほど申し上げた通り、苗字が「田中」とあまりにも一般的なため、事務所名は、「田中社会保険労務士事務所　佐野新都心オフィス」としました。

なぜ、この事務所名にしたのかというと、まず、「社会保険労務士」と事務所名に入れるのは、国家資格保持者である社会保険労務士だけであるという点で、事務所名が長くなるというデメリットもありましたが採用し、その後に、「佐野新都心オフィス」としたのは、①差別化のため、②自宅開業なので、それを匂わせない事務所名にしたかった、③事務所が大きくなっても、末永く使用できる事務所名にしたかったため、という3つの点から最終決定しました。

佐野市（栃木県）では、東北自動車道の佐野藤岡インター付近の地名は「佐野市」であり、「佐野新都心」ではありません。しかし私としては、この「新都心」のほうが、より大きなイメージを与えると考えて決めました。

これにより差別化が図られ、ネットで私の事務所を検索する際でも、「田中　佐野新都心」と検索すると、かなり上位に表示されます。この検索キーは、名刺にも記載しています。

事務所名に、「社会保険労務士」と入れるか否かはあなた自身が決めることですが、私の

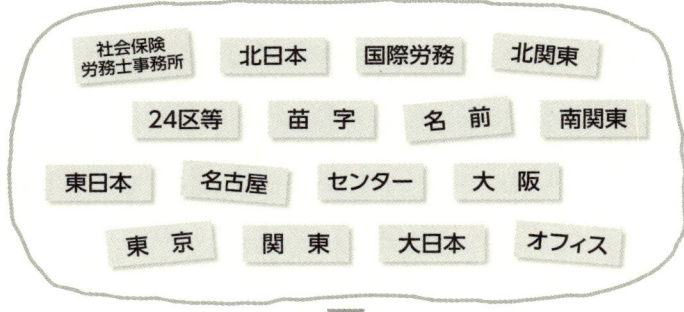

事務所名決定時のイメージ図

あなたの事務所名

個人的な考え方では、入れたほうがいいと考えています。

たとえば、○○オフィスとした場合、何の仕事をしている事務所かわからないし、また○○労務管理事務所とした場合には、何の資格も持っていないコンサルタントでも使用できる名称であるため、せっかくの社会保険労務士資格が活かされないのはもったいないと考えたからです。

しかし、社会保険労務士事務所の名称を使用すると、どうしても事務所名が長くなるデメリットがあることも事実であり、名刺や広告を作成する際にも、事務所名が長いと小さくなってしまうため、そのあたりを考えると悩ましいところです。

5 あなたの事務所は存在しているか?

この章は、私が最も重視している点です。ここであなたに質問ですが、あなたは自宅開業でしょうか、それとも店舗型の事務所ですか? そして、あなたの事務所は存在していますか?

「事務所が存在していますか?」なんて、おかしな質問だと思われるでしょう。開業しているのだから、存在しているに決まっていると思われるかもしれませんが、現実はそうでもないのです。

なぜなら、苦労して社会保険労務士資格を取得して、晴れて開業となりますが、開業をしたからと言って、自宅開業の場合には開業したかどうかを他人に気づいてもらうことはできないし、店舗型事務所にしても、よほど立地に恵まれない限り、事務所の前を通過する人に気がついてもらえるかどうか、微妙な状態です。

ということは、開業してもあなたの事務所の存在をお客様に知っていただかなければ、「存在しないのと同じ」であり、ただの自己満足にすぎないということになります。

よく、開業したのにお客がまったくいないとか、相談者どころか、電話1本かかってこないと嘆く新人社労士がいますが、その理由は明白です。「あなたの事務所は存在していない」

[あなたの社労士事務所を存在している事務所にする]

```
   あなたの
社会保険労務士事務所
       ↓
```

広告宣伝方法: HP、名刺、DM、チラシ、リーフレット
法人会、商工会、労働基準協会等への加入
※加入後セミナーや懇親会に積極的に出席

↓ ↓ ↓ ↓ ↓

ターゲット ターゲット ターゲット ターゲット ターゲット

からです。

わかりやすく言うと、同じ町内に新規においしいケーキを作るケーキ屋がオープンしたとします。その店は自宅でのオープンで、自宅の壁に小さな看板が設置してあります。商売をするには、お世辞にもあまり適した立地条件ではありません。この店主が、何の営業活動（チラシ広告やビラまき等）もしないで、ただ自宅でひたすらケーキを作っていたとしたら、はたしてお客様は来るでしょうか？

口コミで広がり、人気店になることは稀なことと言っていいでしょう。なぜなら、そのケーキ屋のオープン自体をお客様が知っていなければ、その店は存在していないのと同じだからです。だから誰も来ないし、当然商品も売れません。

この事例を、社会保険労務士事務所にあてはは

―3ヵ月― ―2ヵ月― ―1ヵ月―

めてみると、何の営業活動もせず、ただ自宅でケーキを作っている→1日中事務所の椅子に座って、過去の判例等の勉強をしている、ということになります。

たしかに、法改正や過去の判例の勉強等も非常に重要ではありますが、仕事がなければ、勉強した内容を活用することはできません。

では、どうするのか。詳細は本書でご説明していきますが、まずはアピールが重要となってきます。そのためには、HPや効果的なインパクト名刺を作成したり、DMやチラシ、さらには事務所リーフレットの作成や各種団体（法人会・商工会議所・労働基準協会）の会員になるなど、いろいろな行動を実践することで、あなたの事務所やあなた自身の自己アピールが重要となってきます。

しかし、ただやみくもにすべてを行なえばよいというわけではなく、コストを抑えながら効果的に実施する必要があります。

よく見受けられるのは、開業後何の営業活動もせず、数ヵ月経過後収入がほとんどなくなり、運営資金が底をつきそうになってから、やっと広告等を出す方がいますが、それではもう手遅れなのです。

広告活動は、少なくとも開業と同時に実施するからこそ意味があるのです。仮に、6ヵ月分の運営資金を確保して開業した場合、最後の6ヵ月目に、ギリギリの状態で広告をしてもその効果が表われるまでには資金が底をつき廃業になる可能性が高いのです。しかし、開業

と同時に広告活動を行なえば、少なくとも開業〜6ヵ月間は効果があります。

何でもそうですが、どうせやるなら「早く行動する」ことが最も重要です。より早く、あなたの社労士事務所（あたな自身）を知っていただくことが「初めの一歩」になります。

これは、HPにおいても同じです。ただHPを作成しましたが、では検索サイトで検索しても表示されないし、されたとしても、検索できるようになるまでの期間もかかります。さらに検索サイトでは、他の社会保険労務士も多数表示されるため、後ろのページになってしまうと、HPを見てもらうことすらできません。

したがって、ここでもHPは存在しないのと同じことになります。この内容についても、別の章で詳細を説明しますが、大切なのは、どのようにしてその存在を、低コストでいち早く、広く周知していくかということです。

6 各種DMを実行する前には信用度向上の仕込みが重要

社会保険労務士の営業方法のひとつとして、各種DMによる営業があります。

各種DMとは、郵便を利用して封書やハガキで行なうものや、FAXを利用して行なうのが一般的です。

DMの作業方法としては、自分で実施する方法と、専門業者に依頼する方法とがあります。当然、後者にはコストが発生しますが、一気に大量のDM営業が可能となります。それに対して、直接的なコストはそれほど発生しませんが、自分で実施した場合は、大量のDM送付は難しくなります。さらに、その作業に多大な時間を費やすことになるため、非効率的になります。

しかし、初めてDM営業をする場合には、自分で実践してみてその反応を見ながら、ターゲットの絞り込みや文面の工夫が必要となります。

DMを作成したからといって、いきなり業者に依頼して大量に配布したのでは、何の反応もなく、無駄にコストが発生しただけということにもなりかねません。

ここで、DMの効果について検証してみると、ひと昔前だとDMの効果は「センミツ」（1000通出したら、3通の反応があるということ）と言われていましたが、現在はもっ

[流れ図]

```
信用度向上の事前準備
      ▼
DM送付（FAX、ハガキ、封書）
      ▼
   反応率の飛躍的な向上
      ▼
   仕事受注数の増加
      ▼
 顧問契約となる可能性の向上
```

と厳しく、「センミツ」もあればいいほうで、さらに確率が低くなっています。

ここで、もう少し掘り下げると、「センミツ」とは％にすると0・3％であり、この数値自体も「反応」があっただけで、ここからさらなる営業により実際に仕事に結びつくのは、1件もあればいいほうでしょう、場合によっては、0件になる場合もあります。

では、どうしたらいいのでしょうか。それには2つの方法が考えられます。ひとつ目の方法は、単純にDMの送付件数を増やす方法で、仮に確率が「センミツ」とした場合、1万通送付すると、反応は30件となり、さらにそこから仕事に結びつく可能性が10％としても、3件が仕事につながります。その3件の仕事が、顧問契約なのかスポット契約なのか、また受注金額によっても費用対効果は異なりますが、いずれに

しても、非常に厳しいと思われます。

なぜなら、1万通のDMの送付は当然専用業者に依頼することになりますが、その場合のコストがかなりの金額となり、その金額を回収し、なおかつそのDMで受注した仕事で利益を上げるのは非常に困難だからです。

たしかに、そのDMにより、タイミングよく仕事に結びつく会社に巡り合うことができ、顧問契約や就業規則の作成、人事評価制度の導入等の仕事が契約できれば、その効果は十分すぎるほどですが、そのようなことはごく稀であり、通常はかなり難しいのが実情です。

そこで、2つ目の方法となりますが、これは、各種DMを実施する前に信用度向上の仕込みをすることで、「センミツ」自体を向上させる方法です。要は、DMの反応率を飛躍的に向上させるのです。

ここで、考えていただきたいのですが、あなたが経営者だと仮定した場合、まったく聞いたことがない社労士からDMが郵送されてきた場合、まず信用できないし、怖さ(相談しただけで費用請求されるかもしれない)が先に立ち、問い合わせすらしないはずです。

したがって、私がどのようにしてDMの効果を向上させたかと言うと、いきなりDMを送付するのではなく、まずは「信用度向上の仕込み」を行ないました。

具体的には、私は栃木県佐野市に事務所があるので、「佐野市」のHPに私の事務所のバナー広告を掲載していただきました。詳細は、別の章でご説明しますが、これにより、実質

的には市のお墨つきをもらったことになり、DMの最後に記載する自分の事務所の紹介欄の部分にも「佐野市のHPにて当事務所が表示されています」という一文を入れるだけで、「信用度」は飛躍的に向上します。

さらに、事務所のHPやリーフレットもあり、いろいろなところに設置してあることで、さらに信用度は向上し、相乗効果が発生します。

この仕込み（事前準備）が終了後、DMを送付するのです。

すると、信用度の向上による効果から、DMの反応率は格段に向上します。

以上で、むやみにDMを送付するのと、仕込み（事前準備）をした後で送付するのとは、DMの効果に大きな違いがあることがおわかりいただけたと思います。

ここで、DMの反応率アップの秘訣を申し上げると、DMに「FAX返信欄を設けること」です。これにより、お客様からすれば必要事項を記載してFAXをすれば、わざわざお客様側から電話をしなくても、社労士事務所から電話がかかってくることになり、心理的な負荷もなくハードルも低くなります。

私も、今までいろいろ試してきましたが、この方法での返信率が一番高いようです。

DM営業は、送付後に反応がなければ何の意味もありません。短期間に信用度を飛躍的に向上させ、さらに返信しやすいDMづくりを心がけましょう。

7 人とは違った、独創的な営業法を心がけよう

開業後は、所属する都道府県の社会保険労務士会の支部会に出席して、いろいろな勉強をする機会が月1回程度はあると思います。その際、先輩社労士やあなたと同じように開業間もない社労士と挨拶をして、いろいろと話をすることも多くなるはずです。

その際、あなたが開業している地域で、すでにどれぐらいの社労士が事務所を開業しているのかを調べてみると、すでに複数の事務所が存在している場合が多いと思います。逆に、あまりなければチャンスも広がります。

私の場合も、同じ地域や近隣にすでに先輩社労士がおられ、さらには佐野市では、「○○先生の事務所があるからたいへんだよね」、と営業先から言われるほど、大型で有名な事務所がありました。

ただでさえ、後発の者が不利な状況に加えて、通常の場合よりも困難な状況にあることは、開業してから知ることになりました。また、開業から1～2年程度経過した方でも、顧問先が1～3件程度しかなく、スポット契約もほとんどない状態で、副業で生活を維持している方も多く見受けられました。

社労士業界は、まだまだ古い体質が残っていて、それほど営業もしないで、事務所の前に

看板を設置したり、紹介を待っているだけという社労士がほとんどであり、昔ながらのスタイルがいまだに受け継がれているようです。

たしかに、すでにお客様を持っている事務所や昔から開業していて人脈や地域での信用がある事務所の場合にはそれでもいいかもしれません。しかし、われわれのような後発組が同じことをしていたのでは、お客様獲得は困難です。

また、若い社労士の方は、開業当初は積極的に電話営業や各種DMの発送、さらには企業訪問等いろいろとチャレンジされる方もいます。しかし、断られる回数が増えるにつれて「心が折れ」てきて、しだいに営業活動自体をしなくなり、生活のためにバイトに精を出す結果、営業時間すらなくなっていくという負のスパイラルに陥っている方もいます。

では、どうするか？　それは、あなたが開業している地域の状況をまず把握することです。これは、支部会等に出席して先輩社労士からいろいろと話を聞けばわかることです。

状況の把握ができれば、後発組であるあなたは、人とは違った独創的な営業を試みる必要があります。

具体的な営業方法については、本書で月別に説明していますが、考え方としては、ただじっと待っているのではなく、自分からいろいろと行動を起こすのです。

「待ち」ではなく、「攻めのスタイル」で、自分自身の社労士人生を切り拓いていこうではありませんか。

8 紹介して下さる方に対する資料提供とは

あなたには、紹介や宣伝をしてくださる「協力者」はいますか？「人脈も何もなく開業したので何もない」という方がいるかもしれませんが、親、兄弟、親戚、学校の同級生や友人、以前の職場の同僚、隣近所の方など、実際にはかなりの協力者がいるはずです。

しかし、その方たちに対して、どのようにして、紹介や宣伝をお願いすればいいのでしょうか。ここが重要なポイントとなります。

まず、社会保険労務士業で一番困ること、それは一般的には「まだまだ認知度が低い」ということです。最近でこそ、新聞やテレビ等のマスメディアでも、社会保険労務士の名称が登場するようになりましたが、その業務内容まで把握している方はあまりいません。

たとえば、弁護士や税理士等の士業であれば、その業務内容はわざわざ説明をしなくても、一般的に理解されています。ところが、社会保険労務士となるとそうはいきません。

したがって、紹介や宣伝をお願いできる方がいる場合でも、紹介や宣伝してくださる人自身が、社労士の業務内容を理解していないため、紹介も宣伝も難しくなるのです。

あなたも、業務内容のよく理解できていない仕事の方から、紹介してくださいとか宣伝してくださいとお願いされても、恐らく困るはずです。それは当然です。あなたが内容を把握

していないことを、他の人に説明して、紹介や宣伝ができるわけがないからです。

そこで、私の場合には次の方法により、紹介や宣伝をお願いしています。

※①、②および③の配布枚数は、協力者1人当たりの目安枚数

① 顔写真入りのインパクト名刺を20枚程度渡す
② 事務所のリーフレットを20枚程度渡す
③ 幅広い方に対応できる助成金等のチラシを作成し、それを20枚程度渡す
④ 事務所の広告宣伝活動の情報を与える

たとえば私の場合だと、「佐野市のHPにバナー広告が掲示されている」とか「佐野市営バスの車内にポスターが掲示されている」、または事務所リーフレットが市内を中心に数十ヵ所に設置されている、ハローワークと労働基準監督署の前に「電柱広告」が設置されている、さらに読売新聞のスポーツ&ニュースのコーナーで紹介されたこと等。

⑤ 信用度向上の情報提供を与える

たとえば私の場合だと、佐野商工会議所で行なっている「効果的な年金発掘講座」で講師をしているとか、以前は大手企業で部長代理をしていたとか、総務経理部で約14年間の豊富な実務経験があること。

②および③については、協力者の方が直接手渡すことができる「もの」であり、その内容を見れば、社会保険労務士の仕事について、ある程度は理解できるため、協力者の方が「わ

ざわざ」説明する必要がなくなります。これは、協力者の方からも喜ばれる資料提供になります。

そのため、この部分（協力者の気持ち）を理解したうえで、とりあえずはただ手渡していただければよい資料を提供するのです。

仮に、何も資料提供をせず、ただ紹介してください、宣伝してくださいと言っても協力者も困るし、何をどのように説明して紹介・宣伝すればいいのかすら理解できず、途方に暮れてしまうことでしょう。

さらに、④、⑤でいろいろな情報を提供することで、協力者の方へ「話のネタ」を提供してあげることが大切です。

④および⑤に記載されているような内容が会話の中でいくつか出てくれば、それだけでもアピール度はアップします。したがって協力者の方へは、できるだけいろいろな情報を提供するべきです。

これによって、協力者の方の会話のネタを提供することになり、それは大きな宣伝効果を生みます。

通常は協力者に対して、名刺を数枚渡して、「何か仕事がありましたら、紹介してください」というお願いをするものと思われますが、それでは「絶対にダメ」なのです。

せっかくの協力者が、「宝の持ち腐れ」になってしまいます。

資料提供・情報提供には、いろいろな方法がありますから、協力者が紹介・宣伝しやすいやり方で、さらにあなたが最もやりやすい方法を採用すればいいでしょう。これにより、今までよりも効果は飛躍的に向上します。

資料・情報提供に対する私の例示を記載したので、ある程度の内容はわかると思いますが、どうしても迷った場合には、あなたがもし協力者の立場だったら、何があると「楽なのか、便利なのか」を考えてみれば、すぐにいくつか思い浮かぶはずです。

知人等から、「今度お客さんを紹介するよ」と言われることもあると思いますが、それを期待して待っていては駄目です。それは「社交辞令」であり、それが仕事につながることはほとんどありません。

ですから、協力者に対する資料提供により、紹介しやすい・宣伝しやすい環境にしてあげることが、最も重要になってくるのです。

9 損益計算書における助成金効果を把握し、別の視点からもアプローチする

社会保険労務士の業務の中には、各種助成金等の提案・相談・指導・手続代行も含まれていますが、助成金の種類は多数あり、さらに助成金の種類により申請先も異なってきます。また、制度改正も頻繁に行なわれるため、社労士であっても日々の勉強を怠ると対応することが難しくなってきます。

そのため、個人商店や中小企業では、助成金が申請できる要件に該当していても申請していなかったり、助成金の存在すら知らないケースも多々見受けられます。

たとえば、申請しやすい助成金として、ハローワークを通じて人を雇用した場合にもらえる「トライアル雇用助成金」があります。これは、対象者が3ヵ月勤務後、12万円の助成金が事業主に支給されます。しかも、1人に対してですから、たとえば3人雇用すれば36万円になるし、さらに地域により、市から独自の助成金として上乗せされる場合もあります。

たとえば栃木県宇都宮市では、要件に該当して申請すれば、1人につき6万円が支給されるため、先ほどの例で3人雇用した場合だと、市の助成金が18万円＋トライアル雇用の助成金が36万円なので、合計54万円の助成金が支給されます。

しかし、そのようなことは事業主も知らない場合が多く、たとえ知っていたとしても、面

倒だから申請したことがないという会社がまだまだ多いのです。

だからこそ、助成金を入口商品として活用することが有効であり、これをきっかけとして顧問契約に結びつけていくことも可能となってきます。

また、助成金には数百万円単位のものもあるし、同時に数十名募集というものもあり、さまざまな助成金に該当した場合には、かなりの金額となるケースもあります。

そこで重要となってくるのが、助成金の入金後の活用方法と入金時の会計処理です。

まず、助成金等は金融機関等からの借入金と違って、返済する必要はありません。

さらに、助成金が入金される場合ですが、事業主が指定した口座に入金され、その助成金については、○○に使用することといった使用制限は一切なく、自由に使用することができます。これらが、助成金等の最大の特徴となります。

したがって、人件費や銀行借入金の返済、備品等の購入、社員旅行や懇親会の費用など何でもOKです。

次に、経理処理についてですが、経理上は雑収入の勘定科目で処理されるのが一般的となります。そこで、キーワードとなるのが「経常利益率」です。

経常利益率とは、経常利益÷売上高で算出しますが、助成金が入金されて経理処理されると、先に説明した通り、雑収入として計上されます。すると、経常利益がその分増加することになり、売上高に換算すると（経常利益率を10％として仮定した場合）助成金金額の約10

倍の売上高を計上したのと同じ効果が発生します。

これを簡単に説明すると、損益計算書の経常利益に、あと40万円を計上したいと予算を組んだ場合、売上高をあと400万円計上する必要がありますが、助成金を40万円受給（入金）すれば、結果的には経常利益が40万円増加して、540万とすることができます。つまり、40万円の助成金＝売上高400万円となるのです。

このことを理解していれば、助成金の営業をした場合、ただ○○の助成金を申請すれば、○○千円の助成金が入金されますといった、資金面だけを前面に押し出した営業ではなく、損益計算書（決算書）への影響の面からもアプローチすることが可能となります。

以前、私が営業した際にも、助成金金額が12万円、経常利益率が4％の会社のときには、お客様から「たった12万円なら面倒だからいいや」と言われたことがありますが、その際に損益計算書への影響の話を次のようにしました。

「資金繰り的には12万円ですが、損益計算書への影響力はかなりあります。御社の直近の経常利益率は約4％とお聞きしましたので、その率で計算すると、12万円（助成金金額）÷4％（経常利益率）は約300万円なので、売上高を300万円計上したのと同じ効果があります。現在の経済情勢で売上高を300万円計上するのはかなりたいへんだと思われますが、この助成金を申請して入金されれば同等の効果があり、さらに当事務所へのお支払いは、助成金として入金された金額の中からいただきますので、御社は得をするだけで、あら

(6ヵ月) (5ヵ月) (4ヵ月)

```
        助成金の説明(営業)
                ↓
  興味有り  受給金額  興味なし
スポット契約 ← にて説明 → 不成立
                         ↑
                      今までは
```

本日より

★★★
・返済不要
・使用制限なし

売上高換算額

P/L 効果

※各種説明を実施する

↓

スポット契約

↓

顧問契約

※★★★の説明により、信頼を得て
そのまま顧問契約に至るケースも有る

| 1章 | 6ヵ月スタートダッシュ営業法心得

たに費用が必要なわけではありません」と説明をしたところ、話の流れはガラリと変わり、「それじゃあ、お願いしますか」と受注したこともありました。

したがって、単に助成金の金額だけで説明するのではなく、入金後の助成金の使用方法や経理処理をトータルに把握しておくことで説明にも厚みが出て、受注率も飛躍的に向上します。

さらにお客様に対して、経理処理までくわしく理解できる社労士として、あなた自身の信頼度も、かなりアップすることは間違いありません。

助成金の営業をする場合についても、単に助成金の金額だけの説明をするのではなく、トータルな説明をすることが重要となってきます。

また、この説明を行なう際には、お客様が理解できるようなオリジナルの資料を作成して持参すると、さらに効果的です。

2章
1ヵ月目に実施する事項

1 事務所開設時の基本事項

開業する際の最大の悩み、それは自宅開業にするか、オフィスを借りるかということでしょう。これについては意見も分かれるところですが、私としては自宅開業をお勧めします。

なぜなら、開業したばかりで先が見えない状態なので、その状態でオフィスを借りると月々数万～数十万円のコストが発生することになり、「かなりの負担」となるからです。

資金に余裕があれば、オフィスを借りて開業したほうが、来店型の社会保険労務士事務所としてアピールできるし、さらに人を雇用する場合もスムーズになって、望ましいのですが、通常はそのような潤沢な資金を持ってスタートすることは考えられないからです。

自宅開業の場合のアドバイスとして、基本的にはお客様のところにおうかがいすることが圧倒的に多いのですが、お客様によっては、店舗に来られるというお客様がいるため、先生の事務所に書類をお届けします、または、おうかがいしますという場合も出てきます。

その場合にもスムーズに対応できるように、前もってお客様とお会いする場所を確保しておくのです。ちなみに私の場合は、事務所から車で5分程度の所に佐野商工会議所があり、ここは1Fのロビーが広く、会員であれば自由に使用できるため、ここを利用させていただいています。

このように、近くのホテルのロビーや商工会議所、文化会館等を事前に下見しておき、お客様とお話しするのに最適な場所を用意しておくことも重要です。

この場合、お客様に対しては、「私は自宅開業なので、来られても困ります」ということを言ってはいけません。この場合、次のように説明してください。「私もその時間帯は外出しているので、○○でお会いしませんか？」という感じで説明します。すると、お客様も納得してくれます。

次に考えなくてはならないのが、事務所名になります。これは、1章④でも述べた通り、同業者と差別化できる名称にする必要があり、ネット上での検索も考慮することが重要です。「非常に重要」なことなので、いろいろな候補名を出し、家族、知人、友人等、自分以外の方の意見も参考にしながら決定していくのがいいでしょう。

開業後は、基本的には営業する際にスーツを着用する場合が多くなりますが、その際には必ず「社労士バッジ」を着用することをお勧めします。社労士の中には、バッジをつけないで活動している方や、バッジ自体を購入していない方もいます。しかし、お客様の所へ訪問した際には、きちんとバッジをつけて訪問するのが礼儀であり、また社労士としてのアピールにもなります。

営業のため、会社等にご挨拶にうかがう際でも、バッチを着用していない場合と着用している場合では、やはり「全体的な雰囲気」が異なるためか、成果が違います。

したがって、必ずバッジを装着して気を引き締め、自信を持って活動するべきです。バッジを装着するだけでも自信が出て、心に余裕が生まれます。

さらに、今後重要となるのがあなたが「何をメイン」に仕事をしていくのか、ということです。さまざまなパターンが考えられますが、たとえば、①助成金を中心に就業規則の見直し・作成を絡めて活動、②給与計算を中心に活動、③年金手続きや年金相談で活動、④遺族年金の手続き等、ニッチな分野で活動、⑤新規開業者をターゲットとしてトータルな業務で活動、⑥コンサル業務を中心に活動等が考えられます。

一番いいのは、どれかひとつに特化するのではなく、バランスよく活動することです。たしかに、どれかにテーマを絞って活動するやり方もありますが、それでは最初から「ターゲット」を絞り込むことになり、間口が狭くなってしまいます。したがって、バランスよく、どの業務でも実施するといったスタイルのほうが、お客様からの依頼の幅も広がり、仕事が受注できる確率もアップします。

仮に、②の給与計算に特化した場合には、お客様から助成金の申請を依頼された場合、「申し訳ございませんが、当事務所では給与計算を中心にしておりまして……」といった受け答えでは、せっかくのチャンスを失うことにもなりかねません。

最後に、事務所開設に当たって注意すべき点は、どこの金融機関と取引をするかということです。この口座は、事務所の経費支払い（自動引落しや各種支払い）やお客様からの入金

口座になるため、そのことを理解して通帳を作成する必要があります。

私の場合は、まず地元金融機関（栃木銀行、足利銀行、群馬銀行、東和銀行、常陽銀行、佐野信用金庫）、さらに、都内や全国での活動を予想してゆうちょ銀行、みずほ銀行で通帳を作成しました。

なぜ、こんなに多数の通帳（口座）を作成したのか不思議に思われるかもしれませんが、取引銀行が多ければ、それだけお客様へのアピールにもなるし、たとえ自宅開業であっても、これだけの金融機関と取引をしているのなら信用にもなるからです。2つ目は、お客様から入金をしていただく口座ですから、お客様のメインバンク、もしくは振込先口座と同じ金融機関の口座を持っていると、振込手数料の関係からも喜ばれます。

顧問料の場合には、毎月振り込みをしていただくわけですから、振込先がお客様の金融機関と異なると、通算ではけっこう費用がかかることになります。中小企業や個人事業主の経営者は、このような「小さな点」も重要視している場合が多々あるため、心遣いが必要です。

このように、メリットとしてはあなたの事務所をより大きく見せ、さらにはお客様にも喜ばれるという点が挙げられます。一方、デメリットとしては入金管理が煩雑になったり、資金移動が面倒になりますが、それを考慮してもメリットのほうが上回ります。ぜひ、実施してみてください。

2 ホームページの作成について

社労士業界であっても、近年ではHPは必須アイテムであり、名刺交換や営業訪問をした際には、必ずと言っていいほど、先方はあなたの事務所のHPを見ています。

これだけネットが日常化して、ほとんどの企業が自社のHPを持っている中、社労士であってもHPを持つことは重要になっています。

しかし、社労士業界を見渡してみると、地域差もありますが、HPがない社労士事務所がまだまだ多いようです。その理由としては、社労士自身の平均年齢の高さもありますが、開業後間もない方や2～3年経過した方でも、まだ行動していない方も多くいるからです。

なぜ作成しないのか、その理由を考えると、やはりコスト面が考えられます（通常、HPの作成を業者に依頼すると、10万円以上の費用が発生する）。

そこで、他の社労士との差別化、およびお客様への信頼度の向上、アピール度のアップを狙ってHPを作成することになります。この際悩むのが、HPを自作するか、業者に依頼するかだと思います。それぞれ、次のようなメリットとデメリットがあります。

私の場合は、あえて自分で作成するほうを選択しました（使用したソフトは、ソフトバンクから発売している4200円のもの）。

[HP作成時のメリット、デメリット]

●業者に依頼する場合

メリット	・綺麗なHPが完成する ・手間がかからない ・機能が充実しているHPとなる ・比較的短期間で完成する
デメリット	・作成コストが高額 ・維持費も発生する ・更新・編集がスムーズにできない ・イメージと違うHPの完成

●自作する場合

メリット	・直接的なコストがほとんどない ・更新・編集がスムーズにできる ・維持費も安い(発生しない) ・自分で作成しているので内容が把握できる
デメリット	・作成する手間がかかり他の仕事ができない ・完成するまで期間がかかる ・自由なレイアウトができない ・ソフトの機能に限界がある ・仕上がりが美しくない

それは、HPは通常何回もリニューアルするものであり、さらに開業当初は自分の営業スタイルも確立できていないため、HPについても試行錯誤を重ね、追加に追加を重ねてある程度のものが完成するまでには時間がかかるからです。

HPは、公開したときがスタートであり、自分でHPを更新していくことで、「早く、小さく始めて→大きく育てる」ことができます。最初から100点満点を狙うのではなく、5点でもいいので、とにかくスタートするのが第一です。

また、完成後も継続的にHPの内容を見直して、追加・修正をする必要があります。豊富な資金があれば、専門業者に依頼してどんどん更新することができますが、通常はそのようなことはできないし、最初からHPに多額

(3ヵ月)　　(2ヵ月)　　(1ヵ月)

[自作からスタートして→業者依頼へ]
※早く、小さく始め→大きく育てる

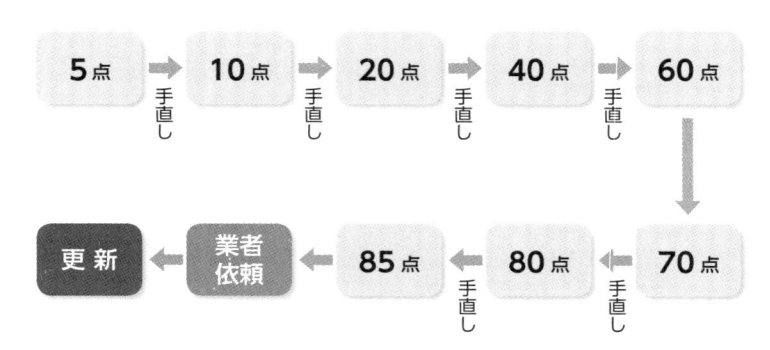

5点 → 手直し → 10点 → 手直し → 20点 → 手直し → 40点 → 手直し → 60点
↓
更新 ← 業者依頼 ← 85点 ← 手直し ← 80点 ← 手直し ← 70点

の金額を投資した場合、もし失敗したらダメージは大きなものになります。

したがって、当初は自分自身で作成して、ある程度の完成度になった段階で専門業者に依頼するのがいいでしょう。

なお、その際でもあなたの事務所のHPはあなたの分身ですから、業者任せではなく、細部に至るまで打ち合わせを重ね、適正に指示をしないと、効果的なHPを作成することは難しくなります。専門業者は、あくまでHPを作成するのが仕事であるため、こちらが適正な指示をして作成を依頼しないと、当初想像していたものとはまるで違うHPが完成する可能性もあるため、細心の注意が必要です。

[HPに記載すべき事項]

●**事務所の住所・電話番号**
　固定電話、携帯電話の両方を表示し、見やすい位置に配置する

●**顔写真**
　角度や表情に気を遣い、日時、服装を変えて数百枚撮影（デジカメ）し、その中から一番よいものを数枚使用

●**職務経歴**
　職務だけでなく、業務内容や業務成果等も記載してアピールする

●**事務所の写真**
　天候、時間帯、日差しの当たり具合などを考慮しながら、数百枚撮影（デジカメ）し、その中から一番よいものを使用

●**事務所のリーフレット・名刺等**
　HP上でクリックすると拡大され、適正なサイズで印刷ができる状態にしておく

●**取り上げられた記事、広告等**
　どんなに小さなことでもよい。広告等の実績でもOK

●**各種賞状・資格証明**
　社会保険労務士試験の合格証書、社会保険労務士登録証、各種資格取得の賞状等

●**お客様の声**
　スポット契約先、顧問契約先等、少しずつ増加させていく（数が多くなるほど信頼度は向上する）

> **ポイント**
> ・写真の場合には手間を惜しまず、最高のショットが撮れるまで何回でもチャレンジする
> ・信頼度を向上させるため、あらゆるものを活用する

3 HP完成後にやるべきこととは

HPはすでにご存じの通り、あなたの分身として、あなたの事務所の情報を24時間365日、いつでも誰に対しても提供できる状態にあります。しかし、検索サイトで検索されて上位に表示されるには、ある程度のSEO対策を実施する必要があります。

作成したばかりの事務所のHPは、「荒野の一軒家的な存在」であり、誰も訪問者はいません。

では、どうすればいいのでしょうか。簡単かつコストがかからない方法をいろいろと調べて実施した結果、最も効果的な方法を公開します。

① ヤフー、グーグルの検索ロボットに登録をする（これも、ただ1回するのではなく、ページごとに何回か実施して、さらに別の日にも数回実施する。実際に検索されるまでには2週間～1ヵ月程度はかかります。それまでやっても、「田中社会保険労務士事務所　佐野新都心オフィス」と事務所名をすべて入力して検索しても、まったく検索されませんでした。

② リンク先を増加させる。これはネット上には「無料の企業紹介登録サイト」が多数存在しているので、その中からより効果的なものに登録をします。

これらを実施することで、検索率は飛躍的に向上し、私の場合、2ヵ月後には「田中 佐野新都心」と検索すれば、上位に多数表示されるようになりました。

ここまでくれば、営業時の会話中に「後でネット検索で『田中 佐野新都心』と検索していただければ、私の事務所が多数表示されるので、ぜひ見てください」と言えるわけです。

次に気にすることは、ターゲットがネット上で、どのような「検索キー」で検索をするか、という点です。通常の検索方法は、目的＋地域名で検索するものと思われます。たとえば、「社会保険労務士事務所 ○○市」、「就業規則作成 ○○市」などです。そこで、ある程度の検索キーで検索した場合、あなたの事務所が何番目に表示されるかを把握しておく必要があります。

私の事務所の場合は、56ページのような結果となりました（平成22年8月15日午後9時現在）。

この結果を分析するとわかるように、私の事務所では、グーグルでの検索順位のほうがよく、検索キーによっては、ヤフーの場合、あまりにもグーグルと結果が異なる場合があります（現在では、一般的に企業系はグーグルで、個人系はヤフーの利用頻度が高いと言われている）。

そのため、今後の課題としては、ヤフーでの上位表示の対策も必要になります。

これは非常に重要であり、検索サイトで検索された場合、検索者は1頁目を見て、さらに

[検索キーでの表示調査結果一覧表]

検索キー	グーグル	ヤフー	備考
社会保険労務士　栃木県	2番目	8頁目	差がありすぎる
社会保険労務士　佐野市	2番目	3番目	
社会保険労務士事務所　栃木県	2番目	4頁目	差がある
社会保険労務士事務所　佐野市	1番目	4番目	
社労士　栃木県	2番目	6頁目	差がありすぎる
社労士　佐野市	1番目	2番目	
年金相談　佐野市	1番目	6番目	
就業規則作成　佐野市	1番目	3番目	
年金問題　佐野市	1番目	―	ヤフーでは圏外
労働問題　佐野市	1番目	2番目	
助成金申請　佐野市	3番目	3番目	
年金発掘	1番目	3番目	
未払残業　佐野市	2番目	1番目	逆転現象
名ばかり管理職　佐野市	3番目	2番目	
サービス残業　佐野市	1番目	2番目	
セクハラ　佐野市	9番目	2番目	逆転現象
パワハラ　佐野市	4番目	2頁目	差がある
メンタルヘルス　社労士　佐野市	1番目	1番目	
労災手続　佐野市	6番目	2番目	

[当事務所の無料企業登録一部抜粋]

- ヤフーオンビジネス
- 企業プロモーションサイトILINK
- 社会保険労務士.COM
- e-sanotown.com
- 総務の森
- 士業ネット!
- 佐野商工会議所
- 佐野市あそ商工会
- 8Links!
- 栃木県社会保険労務士会
- 街あど
- アイリンク
- くち得ナビ
- エキテン
- なび栃木
- 電話帳ナビ
- bizocean
- hotfrog
- ネットアイランド

等多数

2頁目を見るのが限界であり、それ以後の頁を見ることはほとんどありません。

したがって、せっかくHPを作成しても、後の頁になってしまった場合、見てもらえない＝存在しないのと同じということになってしまいます。

そのため、多少面倒であっても、リンク先を増加させて、なるべく上位に表示させるようにしていく必要性があります。逆に言うと、この作業をしておかないと、HPを作成した意味合いが半減します。

私の事務所のHPのリンク先は、上表の通りです。これを参考にして、リンク先を可能な限り増加させてください。

さらに効果的なのが、ブログの作成ですが、これについては、2章④でご説明します。

4 戦略的なブログの作成

あなたは、ブログの作成をしていますか？ 以前は少しやったものの、面倒だから更新していない。または、最初からやっていないという方が多いのではないでしょうか？

たしかに、記事を入力する手間と、さらにはネタが必要なため、頻繁に更新するのは難しいのですが、それでも時間をかけてまでブログを更新するのには理由があります。

ネットで検索をするとわかりますが、ブログに記載した内容も「検索」でヒットするのです。ここに着目して、検索する人が入力すると思われるキーワードを、ブログの「文章やタイトル」に意図的に入れ込むのです。たとえば、「助成金申請、就業規則作成、労働問題、残業代未払い、サービス残業」などのキーワードを文章の中に入れ込んでおくと、それらのキーワードで検索した場合、あなたのブログが上位に表示され、事務所のHPを見ていただいたり問い合わせをいただく可能性も出てきます。

事務所HPも、お客様に見ていただかなければ何も始まらないため、少しでも見ていただく可能性をアップさせるために、キーワードを意識して入力する必要があります。

しかし、いつも労務関係の内容では、見ているほうもつまらないし、しだいに飽きてきま

す。ですから、私の場合だと私的な話題も取り入れています。たとえば、家庭菜園で栽培しているミニトマトの情報やその画像、事務所で育てているユリの開花画像、また事務所の広報活動の報告などを織り交ぜながら、助成金情報やDMチラシを公開しています。

また、ツイッターにコメントを記載→画像をブログで見てもらう仕掛けを導入したり、さらに事務所のHPへの誘導や、またその逆を行なうことで、あなたの人間性を徐々にアピールするのです。これにより、しだいにファンを増加させていきます。

いつも仕事関係の内容ばかりだと、ブログ作成者の人間的な部分がまったくわからないため、そのあたりを少しずつ書きながら、魅力的なブログを投稿することで、あなたの存在自体が、お客様にとって身近なものとなっていきます。

さらに、できるだけ顧問先やスポット契約先、また今後のターゲットの会社や店舗紹介を織り交ぜながらブログを書くことで、見ている方への情報提供と同時に宣伝にもなります。

お客様はブログもチェックしているため、これは重要なポイントです。

先日、私の事務所の顧問先の社長から、「ブログで当店舗を紹介してくれて、ありがとう」とお礼を言われたことや、契約受注のために営業中の個人経営者からも、「店の宣伝、ありがとうございます」とお礼を言われ、助成金申請のスポット契約につながったこともあります。

5 インパクト名刺の作成方法

あなたの名刺は、どのような名刺でしょうか。名刺はあなたの分身であり、相手に手渡してから大活躍をしてくれます。

① 名刺は、先方とのご挨拶の際には、表面を見て「すごい名刺ですね！」と言わせるぐらいのインパクトを与え、さらに裏面を見て、代表者の紹介、保有資格、各種団体等の情報が話題づくりに役立ちます。

② その後、先方の名刺フォルダーに保管されることになりますが、労務人事関係で困りごとがあった場合、顔写真入りで目立つ名刺であれば、連絡が来る可能性も高まります。また、名刺にはネット検索のキーワードも明示されているため、HPを見てみようかな、と先方に思わせることもできます。

③ 数ヵ月後、半年後、数年後であっても、大きな顔写真が名刺に表示されていれば、たとえ顔を忘れていてもすぐに思い出していただくことができます。

このように、名刺は名刺交換するためだけに存在するのではなく、あなたと先方とが会った証であり、あなた自身の分身を先方に「送り込む」ことにもなります。

したがって、あなたの名刺が他の社労士と差別化できない白黒の名刺で、顔写真もない、

「平凡な名刺」であれば、あなたの分身としての役割をはたすことはできません。

ここで、あなた自身が懇親会で50人程度の方と名刺交換をしたことを考えてみてください。時間的には、2時間の間に料理やお酒を楽しみながら、名刺交換をして2〜3分程度話すことになりますが、その後、帰宅して名刺整理をしたとき、3分の2程度は顔と名刺が一致するかもしれませんが、残りは顔どころか、名刺交換をした場所すら思い出すことは困難です。よほどインパクトがある人か、席が隣だったとか、かなり会話をした人なら覚えていますが、それ以外はあまり覚えていないものです。

私の場合もそうです。サラリーマン時代にいろいろな団体の懇親会等に参加して、50〜100人程度と名刺交換をして、翌日会社で名刺の整理をしても、はっきり言って半分も顔を思い出すことができませんでした。そのような経験を多数してきたため、「なぜ、名刺に顔写真が入っていないのだろう」と本気で考えていました。

そのため名刺を作成する際には、絶対にインパクトのある名刺にしようと考えていました。そんな私でも、まあまあ満足と言えるレベルの名刺が完成するまで、5回も名刺を作り直しています。

それは当初、「コストを重視しすぎていた」からです。つまり、インターネットで名刺を作成すると、専門の業者に作成依頼した場合と比較した場合、断然安いため、その点のみを重視しすぎたのです。

しかし、安価な名刺作成にはいろいろと制約があり、いくつかの決まったフォームの中から選択して、さらに必要事項（事務所名、氏名、住所、電話等）を自分自身が入力することになりますが、レイアウトや文字の制限によりイメージ通りのものができず、入力（作成）にも2時間程度かかりました。このような状態でも、「安いから仕方がないか」と妥協していました。

そして実際に手許に現物が届くと、自分が入力して作成した名刺だし、さらに専門の業者が印刷して仕上げた名刺ですから、名刺としてはたしかにいいものですが、この名刺が「自分の分身」として活躍するのかと考えると、「それは無理ではないか」と判断して、数回作り直しましたが、やはり満足できませんでした。

そこで今度は、名刺に表示するキャッチフレーズ、レイアウト、画像（顔写真）、代表者紹介、保有資格、メッセージを考えて地元業者に依頼して、打ち合わせを数回重ねてやっと完成することができました。それがこの名刺です（次ページ参照）。

私の名刺のポイントは、

① 角度をつけた、大きめの写真を使用
② キャッチフレーズを見やすく表示
③ 肩書きは複数表示（単に社会保険労務士と記載されているよりも、たとえば年金アドバイザー、就業規則コンサルタント、助成金申請士、助成金アドバイザー等、あなたが得意とす

| 6ヵ月 | 5ヵ月 | 4ヵ月 |

**返済不要！政府各種助成金の
　　フル活用をご提案致します**

助成金コンサルタント／社会保険労務士

代表　**田中　実**
　　　　Minoru Tanaka

全国社会保険労務士会連合会
田中社会保険労務士事務所　佐野新都心オフィス

〒327-0004　栃木県佐野市赤坂町971-11
TEL/FAX：0283-21-3360　　携帯：080-6586-5950
E-mail：srminotanaka@mail.goo.ne.jp　HP：http://srminotanaka.homepagelife.jp/

田中　佐野新都心　検索

代表者紹介　1973年2月生まれ、みずがめ座、A型、東京出身（上野・浅草）
大手製造メーカー2社にて総務・経理部にて約14年間勤務後、独立開業
【各種社会保険実務・給料計算及び金融機関交渉（資金調達含む）、その他例外的事項を数多く経験】

保有資格　社会保険労務士、第一種衛生管理者、日商1級、空手2段など

活動範囲　栃木県を中心に首都圏全域にて活動中！

※ 労務全般についてお気軽にご相談下さい。
　　　（メール、電話どちらでも結構です）

★ HPにて一目でわかる助成金一覧表を公開中！
　　返済不要の助成金をフル活用しましょう。

| 2章 | 1ヵ月目に実施する事項

る業務内容に合った肩書きを使用することで、お客様に対してわかりやすくアピールすることができる）する。とくに資格等に合った肩書きを作成して名乗っても問題はありません。世間を見渡してみると、いろいろな肩書きがあることに気がつくはずです。とくに資格等を有していなくても、○○コンサルタント、○○評論家、○○アドバイザー等、世間には多数の肩書きが溢れています。

④ 事務所名の前に、全国社会保険労務士会連合会をつける（お客様には効果的）。
⑤ ネットで検索しやすいように、検索キーを表示
⑥ 代表者紹介を入れて話のネタにする
⑦ 保有資格で、口では言えない資格をさりげなくアピールする
⑧ 興味を引くような文言を入れる（助成金フル活用等）
⑨ 社労士会の登録番号、会員番号を明示することで、信頼感を演出する
⑩ 所属している団体を明示することで、信頼感・親近感をアップさせる
⑪ QRコードを入れることで、携帯からもアクセスしやすい状況にしている（個人の労働者や年金相談者に対する営業ツールとしても有効。家にPCがなかったり、PCの起動が面倒なとき、手軽に事務所のHPにアクセスしていただくことができる）。

この名刺により、初めてご挨拶した方でも、「さすがですね！　名刺が同業者の方と全然違いますね！」と言われることも数多くありました。したがって、覚えていただける、記憶

やはり、目先のコストだけで、自分の分身としてふさわしくない名刺を作成するよりも、多少コストはかかっても、しっかり自分の分身として活躍してくれる名刺を作成することが重要です。

たかが名刺、されど名刺です。あなた自身の頼れる分身を作成してください。

すでにお気づきだと思いますが、他の社労士とは違い「ひと工夫、ふた工夫」することで差別化することができ、お客様へのアピール度は格段に高まり、さらにいろいろなことを名刺に取り入れていることで、仕事の面でも、他の社労士に頼むよりもいい結果が得られるのではないか、と思っていただくことができます。

名刺に何の特徴もなく、事務所自体も開業したてで、しかも1人で自宅開業、他の社労士と差別化できるようなことも行なっていない社労士に、誰が仕事を依頼するでしょうか。ほんのわずかでもいいので、アピールポイントを増やすことが、成功への第一歩となるのです。

6 事務所リーフレットの作成と活用方法

あなたは、他の社会保険労務士事務所が発行しているリーフレット（事務所案内）を見たことがあるでしょうか？

恐らく、見たことがないと思います。あなたと同じ地域の社労士でも、リーフレットを作成している事務所はほとんどないはずです。

全国規模で見れば、一部の進んだ社労士がリーフレットを作成している場合がありますが、栃木県内ではほとんどいないものと思われます。

しかし一般的には、会社案内はほとんどの企業にあるし、個人経営の店でも、かなりの確率で店舗案内や割引券等があります。

それにもかかわらず、社労士業界では、まだまだ事務所案内は普及していません。それは、数年前までさまざまな規制があったためですが、今では自由に作成できますから、実施しないのは実にもったいない話です。

とくに、社会保険労務士の業務内容は一般の方にはあまり知られていないため、事務所リーフレットは重要になってきます。またお客様も、あなたが営業にうかがった際、名刺しかない場合と事務所のリーフレットがある場合とでは、印象がまったく違ったものになるはず

そのリーフレットの存在自体が、あなたの事務所の信頼度をアップさせ、他の事務所との差別化が可能となるのです。

そのリーフレットを作成する際の注意事項ですが、リーフレットには当然、HP、メールアドレス、取引銀行、加盟団体、保有資格等を記載するため、事前に準備をしておく必要があります。また、業務内容を具体的にわかりやすく明示することが必要です。さらに、紙質も重要になります。あまりにも薄くてペラペラなものだと、相手によい印象を与えることはできません。内容および紙質、色合いについては、業者と何回も打ち合わせをして、最終決定する必要があります。業者まかせでは満足のいくリーフレットはできません。

気になる価格は、依頼する業者や発注部数によって異なりますが、デザイン料＋印刷代等で1枚当たり30〜100円程度です。

この場合、枚数を多く発注したほうが1枚当たりの単価は安くなりますが、内容が一部変更になったり、手直しをすることを考えると、ある程度の枚数で抑えたほうがいいでしょう。

この事務所リーフレットは、営業ツールの中でも比較的コストがかかります。しかし、お客様や協力者への配布資料としては実に効果的であり、狙いを定めて郵送DMをする際に同封すれば、かなりの効果が期待できます。

仮に、10万円程度の作成コストが発生しても、顧問契約なら1件、スポット契約なら2〜

3件受注できれば、十分すぎるほどの費用対効果があるので、作成しても損をすることはありません。

開業当初は、なるべくコストをかけないことが重要ですが、必要な部分には先行投資も必要です。ここで「投資できるか」、「もったいないから何もしないか」は、今後のあなたの社労士人生に大きな影響を与えることになります。

お客様の立場で考えてみると、同じように社労士からDMが郵送されてきて、一方はチラシと名刺のみ、もう一方はチラシ、名刺、事務所のリーフレットが入っていた場合、どちらも同じような内容であれば、きちんとした事務所案内が同封されている社労士のほうが信用度が高くなるし、どちらかに依頼するとした場合、当然後者に依頼する可能性が高くなります。

あなたが、事務所リーフレットを作成した後の活用方法についてですが、

① 会社や個人経営店に訪問する際に活用する
② HPに掲載して、リーフレットまで作成している社労士事務所であることをPRする
③ さまざまな場所にリーフレットを設置する
④ 協力者に手渡し、紹介時のアイテムとして活用していただく
⑤ 業務内容を質問された際、そのリーフレットを活用して説明する

いくつか例を挙げてみましたが、他にも活用方法はあります。あなたのアイデアで、さら

[事務所リーフレットの活用イメージ]

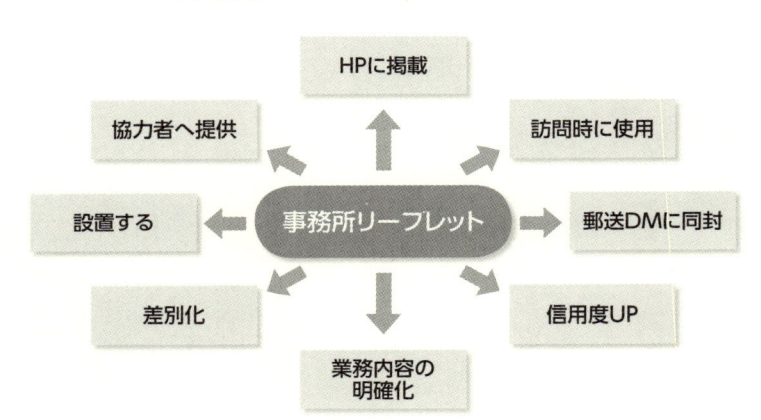

```
                    HPに掲載
                       ↑
   協力者へ提供  ↖    |    ↗  訪問時に使用
                       |
   設置する    ←  事務所リーフレット  →  郵送DMに同封
                       |
        差別化   ↙    |    ↘    信用度UP
                       ↓
                   業務内容の
                    明確化
```

　ここで、当事務所のリーフレット（A4三つ折りの両面フルカラー印刷。次ページ参照）を公開します。かなりシンプルな作りではありますが、一般の方に見ていただいた際、わかりやすいようにしています。紙質は厚みのあるものを使用しています（当事務所のHPをご覧いただければ、実際のカラー版を見ることができる）。

　最後に、保有資格についてですが、私の場合、現在は社会保険労務士（国家資格）、以外に第一種衛生管理者（国家資格）、日本商工会議所主催簿記検定（日商1級）、全国経理学校協会主催簿記能力検定（全経1級）、全国商業学校協会主催簿記実務検定（全商1級）、空手2段等の資格がありますが、これを口頭で説明すると自慢気に聞こえ、「嫌な奴」だなと悪い

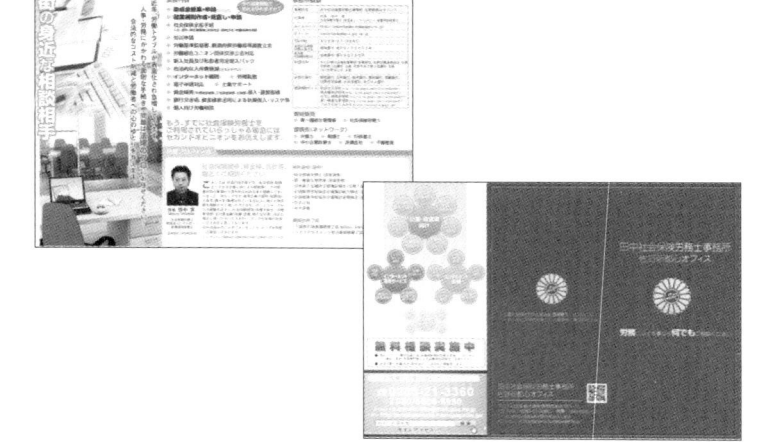

印象を与えてしまいますが、事務所リーフレットに記載しておけば、逆にアピールポイントになります。あなたも保有資格の掘り起こしを実施してみてください。

とくに、商業・工業高校や専門学校卒業生の場合には資格を取得している方が多く、また会社で業務の関係上取得した資格もあるのではないでしょうか。せっかく苦労して取得した資格ですから有効に活用したいものです。

7 効果的な電柱広告の設置場所と活用方法

あなたは電柱広告をごぞんじでしょうか。

この電柱広告には、電柱に巻きつけるタイプと電柱の上に掲げるタイプがあり、目的に合わせて選ぶことができます。ネットで検索すれば、申込先がわかりますが、地域によって月額料金は異なります。

私の場合は、ハローワーク佐野および栃木労働基準監督署前に設置していますが、かなり目立つため効果的です。

労働基準監督署は、会社（個人経営者も含む）として書類を提出する際に訪れる場所であり、また助成金の申請等お客様が困った場合でも、「ふと目の前を見る」と私の事務所の電柱広告があり、電話番号等が記載されているため、実に効果的な宣伝方法となります。

たまに、税務署の前の電柱に税理士事務所の電柱広告があったり、また法務局の前の電柱に司法書士事務所の電柱広告を見かけることがありますが、社労士事務所で電柱広告まで設置しているのを、私はこれまで見たことがありません。

他の士業の方が行なっている方法でも、よいものはどんどん実施することが重要です。それが、他の社労士事務所との差別化につながります。

しかし、コストをかけて実施しても、実際効果はあるのか、と心配されるかもしれませんが、これはかなりの効果が期待できます。

・実際に電柱広告を見て電話してくる
・DM等を送付する場合、ハローワークや「労働基準監督署前に看板設置（電柱広告）」と記載して信用度を向上させられる
・懇親会や営業先で反応がある
・既存の顧問先や営業先に対して、話のネタとして活用できる
・HPやブログ、ツイッターでも掲載して、幅広い方にアピールが可能

以上のように、実際に電柱広告を見て電話をかけてくる方は多くはありませんが、それ以外でいろいろと活用することができます。

また、電柱広告を設置すると、「街あど」の電柱広告の専用サイトへの登録もされるため、ネットでの宣伝効果も期待できます（QRコードもつけることができるため、携帯からのアクセスもある）。

あなたも、まず電柱広告を設置するのに適した場所（ハローワーク、労働基準監督署、年金事務所、商工会議所、法人会、勤労者会館、文化会館等の前やその付近）を確認して、設置ポイントが空いていたら、すぐに申し込むことをお勧めします。

他の社労士と差別化をして、少しでも前に出たいのであれば、「即実行」で行動するべき

です。悩んだ挙句、数ヵ月後に設置するなら、今すぐ設置するべきです。遅くなるほど、電柱広告の効果が出てくるのが遅れるし、他への活用もできないからです。

上の画像は、私が実際に設置している電柱広告で、上が栃木労働基準監督署前、下がハローワーク佐野前のものです（この広告は両面に施されているため、反対側からも同じように広告が見える）。

8 商工会、法人会、労働基準協会等への加入について

地元の各種団体に加入することは、人脈を広げるのに効果的です。しかし、加入するには「年会費」がかかるため、ある程度団体を絞る必要があります。

私の場合は、「佐野商工会議所」、「佐野市あそ商工会」、「佐野労働基準協会」、「佐野法人会」、「佐野法人会青年部」と5つの団体に加入しており、年会費は約4万円程度です。

これらは、私の事務所のある地元の団体で、佐野市の会社は、必ずと言っていいほどいずれかの団体の会員となっています。ですから、各種団体の会員になることで、地元企業と自然な形でお会いする機会が増え、営業活動としても最適な環境となります。

なお、両商工会ではHPのリンクがあるため、同じ会の会員事業所に対してアピールができるし、佐野商工会議所では事業所紹介記事を掲載してくれます。掲載された記事は、会員事業所すべてに郵送され、さらに市役所などの公共機関や大型ショッピングセンター等にも設置されるため、非常に高い宣伝効果が見込めます。

また、各種団体で不定期に行なわれる講習会やセミナー、またその後の懇親会等には必ず参加して、なるべく多くの方とお会いする機会を増やします。とくに懇親会の際は、経営者の方にご挨拶できる「絶好のチャンス」なので、この機会を活用します。

さらに、5月、6月は各種団体別に総会が開かれ、その後は懇親会となることが多いので、こちらにも参加すると出会いが広がります。この際には、挨拶程度であっても、再度お会いした場合や、会社訪問をした場合に徐々に効果が表われてきます。

各種団体の会員構成については、商工会議所の会員は、個人商店から企業まで加入できるため会員層が広く、さまざまな方がいます。

また法人会は、基本的には法人でないと会員になれないため、法人がほとんどになります。特別枠がある法人会もあり、私の事務所は法人ではありませんが、会員とさせていただいています。さらに、労働基準協会の会員も、比較的法人が多いと思われます。しかし、いろいろな団体の会員になったからと言って、すぐに効果があるわけではありません。しかし、いろいろな講習会等に参加して、参加者の顔を見ているうちに、やがて地元企業の方々の情報がわかるようになります。

加入するメリットとしては、DM営業や個別訪問を行なった際、同じ会の会員であることがわかるとお互いの警戒心がなくなり、話をゆっくり聞いてもらうことができます。

また、商工会では事業所の定期的な訪問を行なったり、労働保険事務組合を運営している関係上、会員企業とのつながりも強いため、紹介につながるケースもあります。

さらに、各種団体の会員になっていることで信頼度もアップするため、費用対効果を考えても5～6団体程度に加入するのが望ましいでしょう。

9　1ヵ月目の目標

1ヵ月目の第1～第3週までは、主に準備期間となり、第4週目から本格的に営業することになります。そのため、1ヵ月目の目標としてはスポット契約（助成金申請等）3件＋顧問契約1件で、月収5万円程度を目指して活動します。

とくに、1ヵ月目は営業の事前準備的な要素が多いため、「スキマ時間」を利用した営業になりますが、それでもハローワークや新聞折り込みの求人情報、さらにはフリーペーパーの求人誌等を見ながら、1日30分（約10件）程度電話営業をすると、月300件は電話ができます。したがって、目標達成は決して難しいことではありません。

1ヵ月目の営業は、トライアル雇用の制度を紹介する営業に徹し、興味がある企業に対してハローワークに求人依頼をしたり、すでに求人依頼はされているものの、トライアル雇用には該当していない場合は、一度取り消し、再度トライアル雇用で求人依頼の手続きを無料でしておくと採用が決まった場合、スポット契約を受注することができます。

その流れで、顧問契約1件を目標としているので、スポット契約先に対して「よりお得な情報を提供するためには、顧問契約をしていただいて、何度もお会いして会話の中から御社の状況を把握する必要があります。助成金にしてもいろいろな種類があるし、労働問題の事

前防止もお手伝いできます。さらに、労務人事でお困りの際には即座に対応できるため、顧問契約をしていただいたほうが私としても今後、さらに御社に貢献できると思います」といった会話ができれば、顧問契約を取ることも難しいことではありません。

しかし、なかなかそこまで口が廻らないと思いますので、ぜひ次のことを行なってください。私も開業後数ヵ月は、ほぼ毎日行なっていました。

それは、ビジネス書等を声を出しながら読むことです。すると、これが発声練習になるのと同時に頭の回転も速くなり、これを何回も繰り返すうちに、お客様の前でもすらすらと言葉が出るようになります。

最終的にはやはり話法、トーク術も重要な要素となるため、自分磨きも忘れずに行なってください。これにより、自信をつけることができます。

1ヵ月目は時系列一覧に基づいて、計画的に行なっていけば、充実した1ヵ月目のスタートとなり、今後につながる重要な事前準備ができるでしょう。

3章
2ヵ月目に実施する事項

1 事務所リーフレットの設置場所と設置方法

ここでは、事務所リーフレットの具体的な設置場所や設置方法をご説明していきます。

まず、設置する場所については、事務所のある市区町村およびその周辺になります。最初は、設置しやすい場所からお願いしていくことになるため、会員となっている商工会議所、法人会、労働基準協会等に設置していただき、その後、勤労者会館や文化会館、庁舎、市区町村の施設を中心に設置を依頼して、その後は道の駅、ビジネスホテル、大手ショッピングセンター、駅等に設置していくことになります。

設置する場所はどこでもいいというわけではなく、ターゲットとなるお客様が多く訪れる場所に絞ります。

商工会議所や法人会には、会員である会社経営者や個人事業主が訪れます。

また、勤労者会館や文化会館、さらにビジネスホテル等では、各種セミナーや講演会が行なわれ、100人以上の人が集まる場合もあるため、設置場所としてはたいへん効果的です。

最後に、道の駅やショッピングセンターですが、休日になれば、会社経営者や個人経営者も訪れる場所であり、さらに個人向けの年金発掘調査も行なっていれば、ターゲットは一般の個人にもおよぶため、ぜひ設置したいところです。

とくに道の駅は、最近注目をされており非常ににぎわっています。しかも、その客層は50代、60代の方が中心であり、年金に関心のある方が多く来場されます。私の事務所でも、栃木県佐野市の「道の駅どまんなかたぬま」に設置していただいていますが、事務所リーフレットや年金発掘チラシもすぐになくなるほど関心が持たれています。

このように、ターゲット層をどこに設定するかにより、設置場所も異なってきます。

仮に、あなたの事務所で一般の方向けの年金等の業務をしない場合でも、より多くの人が集まる場所に設置することが大切です。

なぜなら、私が社労士として電話営業や懇親会等で挨拶をした際、「知っているよ。道の駅にパンフレットとチラシが置いてあったね」と言われることも少なくないからです。考えてみれば、経営者であっても、休日は奥様や家族と外出をして、一般の方と同じように生活しているわけですから、日常生活で訪れる場所も、効果的な設置場所になります。

次に設置方法ですが、基本的にはお願いベースで依頼をすることになります。私の場合は、「今度、事務所のリーフレットを作成しましたので、もしよろしければ、設置するだけないでしょうか？」とお願いをするようにしています。

地域や先方の担当者により、同じ「商工会議所」や「道の駅」であっても、設置していただけない場合もあります。その場合には、また期間をおいて、改めて別の担当者にお願いすると設置していただける場合もあります。もし、先方の担当者が駄目という場合には、さら

に上の方にお願いすると、案外設置してくれることも少なくありません。

では、設置していただけるかどうかを判断する際の「ポイント」ですが、まず他の会社や店のリーフレットや割引券などが設置されているかどうかを確認します。設置してあれば、あなたの事務所のリーフレットやチラシを設置していただける可能性も高くなります。

これを確認してから、お願いベースで設置依頼をします。もし断られた場合は、「そうですか。会社やお店のパンフレットが置いてあるので、お願いできるかと思ったのです。なぜ、私の場合は置いていただけないのか、今後のために教えていただけますか？」と逆に質問をします。

すると、たいていの場合、その方の上司や責任者が出てこられるので、もう一度お願いをすると置いていただける場合もあります。それでも駄目な場合には、お礼を言って速やかに立ち去るのがルールです。

他にもいろいろな設置場所があるので、1ヵ所で粘る必要もないし、あくまでも無料で置いていただくわけですから、必要以上にしつこくすると、あなたの事務所の評判を落としかねません。

このリーフレットの設置依頼は、これを目的に動くのではなく、営業と織り交ぜながら効率的に行なうのが理想です。ただ、リーフレットの設置依頼のためだけに移動するのは非効率的です。また、設置依頼をした周辺に会社や店があれば、「ご挨拶にうかがいました」と

訪問するぐらいの行動ができれば、なおいいでしょう。

設置依頼をすること自体が、すでに営業の第一歩であり、駆け引きの練習にもなっています。設置していただいた場合の喜びが自信となり、営業をする際にもあなたの支えとなってくれるはずです。

さらに、事務所リーフレットを設置してあること自体が、営業トークにも活用できます。私の場合、「この事務所リーフレットは佐野市を中心に行政施設や民間施設に30ヵ所以上設置していただいており、このあたりだと、勤労者会館や○○ホテルにもご協力いただいています」といった説明をすると、この事実だけでも信頼度がアップします。

「小さな事実」でも、件数が増加することで、その事実は「大きな信用」につながっていきます。

あなたの事務所リーフレットが完成した際には、それだけで満足していてはいけません。このリーフレットを活用してこそ、作成した意味があるのです。

2 市区町村のHPバナー広告を掲示（行政のお墨つき第1弾）

あなたは、バナー広告というものを知っていますか。これは簡単に説明すると、HPの左右、または下部にある、数センチ程度の広告です。

バナー広告は、アクセス者がそのバナー広告をクリックすると、その広告者のHPへ接続されることになります。ですから、アクセス数の多いHPにバナー広告を掲示することができれば、あなたのHPの閲覧者が増加することになります。

あなたがお住まいの市区町村でも、HPを作成していると思いますので、まずはHPを確認して、①バナー広告枠があるか、②どのような業者が広告をしているか、③まだ空きがあるのか、④申込方法、申込時期の確認、⑤申請順なのか抽選なのか、⑥金額（月額と半年、年払いの違い等）の情報を入手します。市区町村により金額は異なるし、バナー広告を行なっていない自治体もあります。

たとえば、あなたの住んでいる市区町村のHPで、バナー広告欄自体がない場合には、営業エリア内で周辺の市区町村のHPを確認します。そうすれば、数ヵ所は掲示できるところが見つかるはずです。

さらに、大都市部にあなたの事務所がある場合で、バナー広告の月額が高額の場合には周

辺の安い市区町村を狙うか、もしくは数ヵ月でもいいので行ないます。

今はまだ、市区町村のバナー広告まで行なっている社労士は皆無な状態なので、ほとんどの地域では、社会保険労務士第1号になれるでしょう。

私は事務所を開業する前から、佐野市のホームページを仕事関係で見ていましたが、その際にホームページの右側にバナー広告があり、しかも1ヵ所枠が空いていて募集中だったため、開業した際に、この枠に応募してみようと密かに狙っていたのです。

開業後、早速佐野市に応募するためにいろいろと調べてみると、従来佐野市では、法人しかバナー広告の申込みがなく、当事務所のような個人事業主は基本的には初めてであり、しかも開業して間もないために、昨年度の事業における納税証明書を準備することができませんでした。さらに、バナー広告のデータを作成する必要性があるなど、私にとってはいろいろと難関がありました。

しかし、ここであきらめるわけにはいかないため、納税証明書は私個人の納税証明書で代用していただきました。また、バナー広告のデータについては、私では作成する能力がなかったため、当事務所のリーフレットを作成した会社で、バナー広告のデータを作成していただきました。

さらに、担当者のご厚意で当事務所のホームページの各ページに対して、バナー広告と同じものが表示されるようにしていただきました。

その後、申込みをして掲示していただきましたが、やはり佐野市でのバナー広告で、社会保険労務士第1号となりました。

申請時にもいろいろな書類を提出し、1ヵ月程度かかって、佐野市長名が書かれた契約書を交わして正式な契約となりました。やはり、市としてもHPに掲載した業者が問題を起こすと責任問題にも発展しかねないため、バナー広告の掲載にも厳しい審査が行なわれています。

利用者（HP閲覧者）からすれば、市のHPに掲示されている業者であれば安心と考えて利用するわけですから、厳しい調査も当たり前かもしれません。

しかし、社会保険労務士事務所であれば国家資格保持者であり、全国社会保険労務士会連合会、および各都道府県の社会保険労務士会にも所属していますから、審査は問題なくパスできると思います。

では、なぜ高い金額を払ってまで、バナー広告を掲載するのでしょうか。それは、①市区町村にもよりますが、月に「数万～数百万件」という驚異的なアクセス数であるため、事務所へのアクセスも期待できる、②市区町村のHPに掲載されているということで、信用度が飛躍的に向上する、③その事実を自分の事務所のHP、ブログ、ツイッター、各種DMに掲載したり、営業トークに織り交ぜたり、その効果は計りしれません。

この事実により信用度が急速に向上して、スポット契約、顧問契約も受注しやすくなるこ

[バナー広告掲示の効果および活用方法]

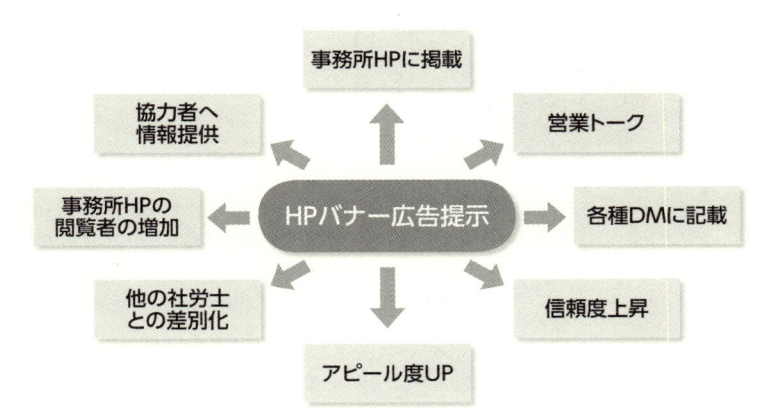

- 事務所HPに掲載
- 営業トーク
- 各種DMに記載
- 信頼度上昇
- アピール度UP
- 他の社労士との差別化
- 事務所HPの閲覧者の増加
- 協力者へ情報提供
- HPバナー広告提示

とは言うまでもありません。また、営業時にもその事実を相手に告げることで、信頼度が向上して、こちらの提案事項をゆっくりと聞いてくれるなど、接し方も変わってきます。

お客様からしても、まったく知らない、しかも新人の社労士が営業に来ても、相手にする必要もない、と判断するのが普通でしょう。

しかし、私の事務所の場合だと「佐野市役所のHPに当事務所が掲示されているので、ぜひ後でHPを見てください」と言えば、「すごいね！ 佐野市役所のHPに掲載されているなんて、審査厳しいでしょう！」という感じで話のネタにもなるし、掲載されていることで信用度もアップするため、まったく知られていないただの新人社労士ではなくなってくるのです。

それどころか、やり手の社労士だな、目のつけどころが他の社労士とは違うので、何か仕事

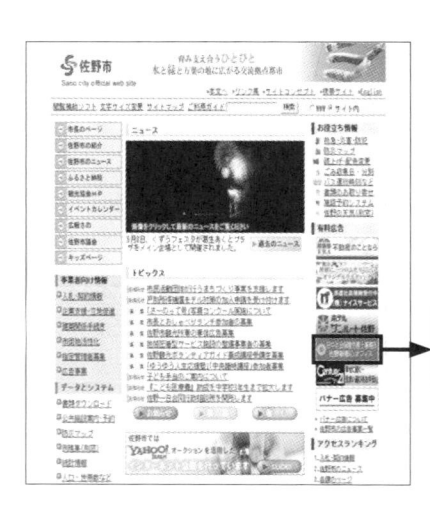

をお願いすればメリットがあるかもしれない、と思っていただくこともできます。

もし、あなたがお客様の立場であっても同じように思うのではないでしょうか？

たしかに、多少のコストはかかりますが、たいへん効果的な方法であり、市区町村のHPに掲示されたということは、行政のお墨つきをいただいた、ということに等しくなるため、その効果は計りしれません。

料金受取人払郵便

神田支店
承認
8823

差出有効期間
平成25年1月
31日まで

郵　便　は　が　き

| 1 | 0 | 1 | 8 | 7 | 9 | 6 |

5 1 1

（受取人）
東京都千代田区
　神田神保町1—41

同文舘出版株式会社
愛　読　者　係　行

毎度ご愛読をいただき厚く御礼申し上げます。お客様より収集させていただいた個人情報は、出版企画の参考にさせていただきます。厳重に管理し、お客様の承諾を得た範囲を超えて使用いたしません。

図書目録希望　　有　　　　無

フリガナ		性　別	年齢
お名前		男・女	才
ご住所	〒 TEL　　　（　　　）　　　　　Eメール		
ご職業	1.会社員　2.団体職員　3.公務員　4.自営　5.自由業　6.教師　7.学生 8.主婦　9.その他（　　　　　）		
勤務先 分　類	1.建設　2.製造　3.小売　4.銀行・各種金融　5.証券　6.保険　7.不動産　8.運輸・倉庫 9.情報・通信　10.サービス　11.官公庁　12.農林水産　13.その他（　　　）		
職　種	1.労務　2.人事　3.庶務　4.秘書　5.経理　6.調査　7.企画　8.技術 9.生産管理　10.製造　11.宣伝　12.営業販売　13.その他（　　　）		

愛読者カード

書名

- ◆ お買上げいただいた日　　　　年　　　月　　　日頃
- ◆ お買上げいただいた書店名　（　　　　　　　　　　　　　　）
- ◆ よく読まれる新聞・雑誌　　（　　　　　　　　　　　　　　）
- ◆ 本書をなにでお知りになりましたか。
  1. 新聞・雑誌の広告・書評で　（紙・誌名　　　　　　　　　　）
  2. 書店で見て　3. 会社・学校のテキスト　4. 人のすすめで
  5. 図書目録を見て　6. その他（　　　　　　　　　　　　　　）
- ◆ 本書に対するご意見

- ◆ ご感想
  - ●内容　　　　良い　　普通　　不満　　その他（　　　　　）
  - ●価格　　　　安い　　普通　　高い　　その他（　　　　　）
  - ●装丁　　　　良い　　普通　　悪い　　その他（　　　　　）
- ◆ どんなテーマの出版をご希望ですか

<書籍のご注文について>
直接小社にご注文の方はお電話にてお申し込みください。宅急便の代金着払いにて発送いたします。書籍代金が、税込 1,500 円以上の場合は書籍代と送料 210 円、税込 1,500 円未満の場合はさらに手数料 300 円をあわせて商品到着時に宅配業者へお支払いください。
同文舘出版　営業部　TEL：03 - 3294 - 1801

3 市区町村運営のバスへの車内広告掲示（行政のお墨つき第2弾）

行政のお墨つきの第2弾として、次は市区町村で運営しているバスへの車内広告を行ないます。

市区町村によって多少異なりますが、現在では行政の広告も増加しているため、ほとんどの地域で募集していると思われます

私の場合は、栃木県佐野市に事務所があるので、佐野市の市営バスの車内広告を行なっています。広告の現物は、次ページのようなものになります。

内容は、バスの通勤利用者や個人利用者の割合を考えて、個人向け、会社向けの両方の内容を記載して作成し、顔写真や事務所の看板、さらに所属する団体も表示することで、安心感が出るようにしています。また、バスの車内広告である点に考慮してQRコードを入れず、電話番号を大きく表示しています。

この広告を掲示していただくのも、佐野市役所への申請が必要で、HPのバナー広告と同様に、いろいろな書類の提出等、厳しい審査を受けて、約2〜3週間かけて、掲載の許可が得られました。

私の事務所の場合、佐野市では今回初めての試みだったため、当然、社会保険労務士第1

号となりました。

これにより、佐野市のお墨つき第２弾となり、佐野市役所のＨＰにバナー広告を表示したのと同様に、信頼度のさらなる向上にもつながりました。ここまで行なっている社労士は、全国規模でもほとんどいないと思います。だからこそ、「あなたの事務所」で実施すれば、他の社労士との差別化ができます。

ＨＰのバナー広告と同じように、事務所の場所が都心の場合には金額が高いことも予想されるため、その場合には近辺の市区町村（営業エリア）で行なってください。

実際には、この広告を見て連絡がある場合はあまりないと思います。しかし、狙いはそこではなく、実施しているという「事実」を上手に活用することにあるため、事務所の所在地である市区町村に設置できなくても、とくに問題は

ありません。

実は、私が現在狙っている市区町村のお墨つき第3弾は、佐野市役所で作成している封筒です。この封筒は、佐野市役所を中心に佐野市内の出張所等で幅広く使用されるもので、わかりやすく言うと、住民票や印鑑証明などを取得した場合に渡してくれる封筒です。

この封筒には広告が入っていて、佐野市役所の場合、10万枚で約10万円なので、1枚1円で広告を出すことができます。また、この封筒はターゲットである企業や個人事業主の目に触れる機会も多いため効果的であり、営業時にも何気なくこの封筒から書類を取り出せば、アピール度はかなり高まります。

「市区町村の封筒に広告を出している」、「この社労士はやり手だ」と思っていただくことができます。

しかしこの広告は、あと1年程度待たないと封筒の在庫がなくならないため、現在順番待ちの状態です。

したがって逆に考えると、この封筒がなくなるのに1年以上かかるということは、もし私が広告を出した場合には、1年以上にわたる息の長い広告になるということです。

さらに、市役所で使用されている封筒に記載されるわけですから、お客様に対する信頼度は想像以上に高まるはずです。

4 給与ソフトの選定および購入方法

給与計算業務は、社労士業務の中でも基本的な業務であり、あなたの事務所でも受注することがあると思います。

しかし、給与計算は、現在はすべて給与計算ソフトで処理するのが正確で効率的ですが、個人経営店や小さな会社だと、現在でも手計算をしているところもあります。

また逆に、個人経営店や会社であっても、給与計算ソフトを導入して、事務員や経営者が入力して計算している場合も見受けられます。

ここで重要になってくるのは、あなたの事務所ではどのメーカーの給与ソフトを使用するかということです。たしかに、有名なメーカーのソフトを使用するのが望ましいのですが、費用対効果を考えると、何十万円もするソフトを購入して、さらに年間保守契約で何万円も発生してしまいます。お客様から受注する金額や件数によっては、逆に赤字になる可能性もあるため、給与計算で手間がかかり、さらに利益も出ないのでは受注する意味がありません。

したがって、私の場合には各メーカーのカタログを取り寄せ、ソフト単体の金額の比較、年間保守料、保守の内容、体験版での操作性の確認および電話質問時の対応などを調査して総合的に考えて、現在は2万円程度のソフトを使っています。

［給与ソフト選択について］

	ソフト購入額	保守契約	入力制限		出力帳票
			複数の会社登録	入力人数	
有名メーカー	高い	高い	多数入力可能	多数入力可能	必要書類を印刷可能
有名メーカー（お手軽版）	通常版よりかなり安い	高い	制限があり不便	制限があり不便	一部のみ印刷可能
私が選択したソフト	安い	お手頃	無制限	無制限	必要書類を印刷可能

このソフトを選んだ理由は、低価格でありながら、複数の会社登録が可能で、しかも人数に制限がない点です。さらに、操作サポートは保守契約不要で、永久に無料対応だったからです。

給与ソフトは、コストを重視しながらも、機能性やバージョンアップの信頼性、販売企業の実績なども重視する必要があります。

事前にソフトの準備を完了しておけば、お客様から「給与計算を頼みたいけど大丈夫ですか？」と言われた際にも、速やかに対応ができます。5章の②でくわしくご説明しますが、給与計算を受注することは、今後の業務へのつながりが発生するため、面倒で手間がかかるというデメリットを考慮しても、メリットのほうが上回ります。

購入するソフトが決定したら、次は購入する価格の比較です。

現在では、家電量販店等でも給与ソフトを販売していますが、やはりコストを重視するならネットを通じて購入す

購入する給与ソフトの価格は、「価格COM」で調べると、金額別に店が表示されるため、その中から選択します。たとえば、価格だけを見た場合、A店が安くても送料が高い場合と、B店のほうがソフト自体の金額は高いが送料は無料だとした場合には、総額で比較すると、B店のほうが安い場合もあります。また、納期情報も重要なので、在庫の確認も必要です。どんなに他店よりも安くても、納期が1ヵ月後では意味がありません。

このように、給与ソフトを購入する場合にも、実際に使用する場面を想定して、徹底的に調査をして購入しないと、非常に高い買い物になります。

今後の仕事につながる重要なツールとなる給与ソフトだけに、購入前の事前調査を慎重に行なったうえでソフトを選んでください。

5 電子申請活用で24時間365日対応可能
（事務手続き全国対応解禁）

あなたは、電子申請の登録をすでに行なっているでしょうか。もし、まだ登録をしていないのであれば、すぐに行なってください。

たしかに、電子申請を登録するのは非常に面倒でたいへんです。

私の場合には、仕事用のPCとして導入したのがwindows7だったため、セキュリティの問題から接続がうまくいかず、とても苦労しました。さらに、操作方法の問題で質問する際にも、イーガブヘルプデスクと日本年金機構へ何回も電話して聞くことになり、たいへん困りました。

また、電子申請で重要になるのが「社会保険労務士コード」ですが、あなたは自分のコード番号をごぞんじでしょうか。

私も最初はわからず、所属している県の社労士会に電話で質問しましたが、実はその番号は年金事務所に聞かないとわからないことや、各都道府県により、社会保険労務士コードが異なることを知りました。

また、お客様の各種手続きを電子申請で行なう場合には、提出代行に関する証明書を記入して、お客様の社印等を押印していただく必要があること、さらにその書類は電子申請の際

にはスキャナーで読み込み、さらに圧縮しなければならないことも知らず、最初はかなり苦労しました。

とくに、貼付するひとつのファイルサイズが300キロバイト以下でないと送信できないことを知らず、スキャンしたデータをそのまま送信していたため、データが届いていないというメールが来るなど、当初は理由がわからず対応に苦しんだものです。

たしかに、最初はこんなに苦労して費用も時間もかかるなら、直接提出したほうがよっぽど楽だと思いましたが、現在では、夕方や夜、土日も関係なく、24時間365日手続きができるため、非常に助かっています。

それは、この電子申請がなければ、直接日中（受付時間内）に年金事務所やハローワークに行かなければならないため、顧問先訪問や営業訪問の時間がなくなってしまうからです。しかも、移動時間も累計すると馬鹿にならず、さらにガソリン代などのよけいなコストも発生します。それを考えると、非常に効率的な手続き手段と言えます。

さらに、このシステムにより、事務手続自体も全国対応が可能となり、より幅広い地域のお客様にも対応できるようになりました。

具体的には、入退社があった場合でも、メール送信していただければ、たいていの手続きはできるし、どうしても書類を送ってもらう必要がある場合でも、メール便やレターパック等で対応が可能だからです。

しかし、全国対応をする場合、事前にしておくことがひとつあります。それは、あなたの営業地域の社会保険労務士コード番号を調べて一覧表にしておくことです。

この準備をしていないと、急ぎの仕事の場合等、電子申請だから夜にやればいいと思い、夜になっていざ手続きをする場合、社労士コードがわからないと手続きができないといったことにもなりかねません。

非常に便利な機能だけに、事前準備には手間はかかりますが、やはりメリットのほうが多いので、電子申請が使用できる環境を整えましょう。

これは、ただ便利なだけではなく、他の社労士との差別化やお客様に対するアピールポイントにもなります。

たとえば、あなたの隣の都道府県に営業をする場合でも、お客様の要望で「ベテランの総務職員が退職することになり、社会保険関係の手続きもすべてお願いしたいが対応できますか?」と言われた場合でも、電子申請を行なっていれば、何の問題もなく対応できます。

このように、電子申請ができる環境が整っていれば、営業の間口も広がっていきます。

6 各種交流会、セミナー等に参加する際の注意事項

まず、セミナー等についてですが、各種団体の会員になると、さまざまなセミナーや講習会のお知らせが送られてきます。通常、地元企業の方が参加されることが多いため、あなたもぜひ参加してください。

これは言うまでもなく、より大勢の方とお会いすることができるからです。ですから、参加する際には少し早く行き、セミナーが始まる前に名刺交換をしたりご挨拶をするなどして、出会いの場として活用し、セミナー終了後もすぐに帰るのではなく、参加者に積極的に声をかけて挨拶をすることを心がけましょう。

セミナーは、1〜3時間程度のものが多いのですが、貴重な時間を費やして来ているわけですから、参加者の方とできるだけ交流を図るべきです。でないと、貴重な時間を無駄にすることになります。それなら、飛び込み営業や電話営業をしていたほうがましです。

また最近では、「参加型」のセミナーも増えてきており、たとえば参加している隣の方とペアになって、商品のプレゼンの練習をしたり、また5〜6人のグループになってコーチングやリスクアセスメントの課題をグループで解決して、そのグループごとに発表しています。

これにより、参加者とよりいっそうコミュニケーションがとれるといった意味では、最高

のセミナーです。やはり、講師の話をただ聞いているセミナーよりも、参加者同士のコミュニケーションがとれるセミナーのほうが、より親近感が生まれ、その後の会話もスムーズに運びます。

またセミナーによっては、講師の方が「これから隣の人とペアになってもらいます。または5〜6人のグループになってもらいますので、事前に名刺交換をしておいてください」と言ってくれる場合もあります。これにより、自然な形で名刺交換をすることができます。

社労士としてセミナーに参加するのは、セミナー自体の内容も重要ですが、一番の目的は「より多くの方とお会いして、交流する機会を増やすこと」です。

ここを忘れてしまうと、いくらセミナーに参加したとしても、なかなか人脈を広げることは難しいでしょう。

このようなセミナーには、経営者が参加されていることが多いので、思わず営業トークをしてしまいがちですが、そこはぐっとこらえて、あくまでもご挨拶程度にしておきましょう。

ここで営業トークをしてしまうと、話が長くなってしまうため説明が中途半端になるし、また特定の人との会話が長くなり、本来数人、数十人とご挨拶できるチャンスを、みすみす潰してしまうことになるからです。

積極的に行動することとガツガツすることは、似ているようですが実はまったく違います。セミナーに参加して、「ガツガツ」して嫌われないようにしましょう。

次に交流会についてですが、交流会にもさまざまな種類があり、参加する交流会により、お会いできる人がある程度限定されてきます。たとえば、社会保険労務士の支部会等の後の交流会に参加すれば、当然お会いする方は他の社会保険労務士の先生方になるし、他士業の交流会に参加すれば、その士業の先生を中心にお会いすることになります。

そのため、自分が参加する交流会で誰と会って、何を目的にするのかを明確にして、参加する交流会を選択する必要があります。

私の場合は、地元の企業経営者、個人事業主とお会いすることを目的に参加しているため、各種団体の総会後の交流会に参加しています。私の地元では、年数回開催される各種団体の交流会が、最も効率的に地元の経営者の方々とお会いできるチャンスなので、会費が多少高いと思う場合でも、積極的に参加しています。

しかし、昨今の不況の影響から、私が参加しはじめた5年前と比べると、年々参加者が減少しています。しかし逆に考えると、参加している方とじっくり会話ができるというメリットもあります。

7 営業ツールの充実を図ろう

あなたは、営業ツールをいくつ準備しているでしょうか。

営業ツールの種類としては、さまざまなものがあります。身近なものでは、名刺や事務所案内などになります。営業ツールが充実していればしているほど、営業は楽になります。

たとえば、名刺だけで飛び込み営業をしたとします。すると、どうでしょう？ほぼ100％の確率で話を聞いてもらうことはできず、たとえ会話ができるチャンスがあったとしても、効率的なアピールをすることはできません。

そのように考えると、営業ツール自体が乏しいと、営業面において非常に不利な状況に追い込まれてしまいます。効果的な営業ツールがないと、すべてを口頭で説明することになり、相当の話術スキルが必要となってくるからです。

私の場合の営業ツールは、①名刺、②事務所リーフレット、③オリジナル助成金説明資料、④チラシ（返信FAX欄を設けているもの）、⑤ポストカード、⑥各種広告、セミナー実績等、⑦大手保険代理店としての保険資料、の7つを営業ツールとして、お客様とその場の雰囲気によって使い分けています。

営業ツールが充実していれば、会話が途切れることもなく、さらに1回では説明しきれな

いため、何回も訪問することができます。

飛び込み営業も、やり方によっては、DMや電話営業よりも効果がある場合もあります。

飛び込み営業の場合には、お互いに顔を見ながら会話をすることになるため、表情もわかるし、こちらの人間性をアピールすることもできます。

しかし、いくらがんばって飛び込み営業をして話を聞いてもらえたとしても、その場で契約が取れることは「まれ」なので、どうしても何回も訪問をする必要があります。

そこで、この営業ツールが活躍することになります。営業ツールを何種類も持っていれば、訪問する理由ができるため、何回でも訪問することができます。その結果、スポット契約や顧問契約に結びつく可能性もアップします。

たとえば、初回は名刺と事務所パンフレットであなたの存在をお客様に認識していただき、その後数日たってから、別の営業ツール「助成金情報」を活用して、それを訪問の理由とします。次は、チラシを活用して……というように、何か営業ツールがあれば、訪問する際にも躊躇する必要はなくなります。ちなみに、訪問営業活動が思うようにいかない、という社労士数名に質問をしたことがありますが、ほとんどの方が1回訪問したところで再度訪問することはなく、常に新規のターゲットに営業をするというスタイルとなっていることが多いようでした。

本来であれば、新規に訪問するよりも1度でもお会いしているターゲットに2回目の訪問

をしたほうが受け入れやすいと思いますが、それができないのです。

私の営業ツールの中で、⑤のポストカードとは、上のものになりますが、これは企業向けの営業ツールであり、「癒し系」をモチーフにして作成しました。

その理由は、郵送DMか直接手渡しで、経営者クラスの方に受け取ってもらうことになるため、デスクマットに挟んで保管していただくことを考えて癒し系の絵柄にしています。現在2種類作成していて、ひとつは「就業規則の無料診断実施中」、もうひとつは、「インターネット顧問（月1万円）受付中」というものです。どちらも、ターゲットから連絡をいただく「タネ」として送っています。

8 2ヵ月目の目標

2ヵ月目には、広告宣伝の効果を活用して、どんどん営業を行なって、次のような流れで仕事を獲得し、その件数を増加させることを目標にします。

ハローワークの求人情報→会社等への助成金申請代行を申出→給与計算や労働保険申告等をアウトソーシングしていただくことにより顧問契約を締結→最終的には、顧問契約後に就業規則の作成・見直し等の高額商品を受注する。

そのためには、より多くのお客様にお会いすることが必要であり、電話営業、FAXDM、郵送DMなどでその機会を得るための戦略的な行動をとります。とにかく、経営者の方に直接お会いして話を聞いていただくことができればスポット契約には結びつくため、そこから顧問契約に結びつけていくことが目標になります。

2ヵ月目も、時系列一覧に基づいて行動していれば、第1週目では、市区町村のHPへのバナー広告が開始され、「市区町村のお墨つき第1弾」を追い風に、協力者にあなたの事務所リーフレット、名刺等を渡しての宣伝（紹介）を開始し、さらに地元タウン誌への広告（次ページ参照）も行なわれるため、一気に営業をかけることができる武器を何個も装備したうえで、行動することになります。

[地元タウン誌への広告]

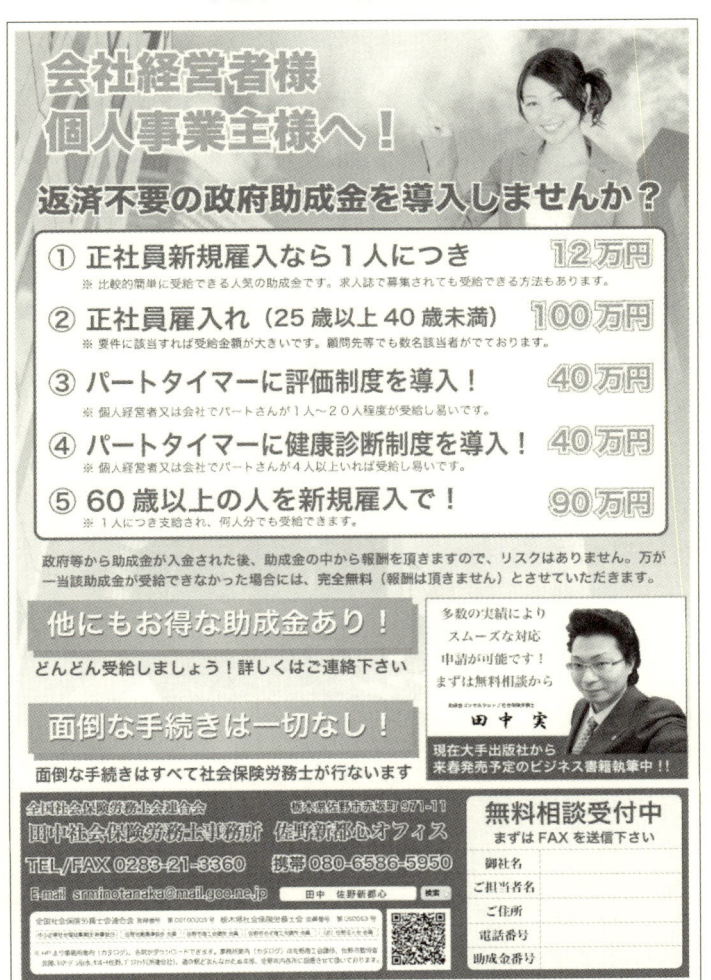

第2週目は、市区町村運営のバスの車内広告の申込みや給与ソフトの選定および購入を行ないながら、加入した法人会や商工会等の会員事業所への訪問も行ないます。

しかし、訪問といっても怖がる必要はありません。あなたには、会員事業所を回る「大義名分」があるからです。

それは、「新規会員となった挨拶」という「大義名分」です。

何の工夫もない飛び込み営業なら、無下に扱われることがあるかもしれません。しかし今回の訪問は、あくまでも「挨拶」が目的なので大丈夫です。

この訪問は挨拶からスタートしますが、その際、あなたの事務所および仕事内容の説明をして、その後先方の業務内容や従業員構成などを、こちらから「話題を振る」ことで聞かせていただきます。

このとき、相手が話していることを一所懸命聞く姿勢が重要です、相手の話を長時間聞くのは、たしかに苦痛な場合もありますが、先方は業務内容や会社（店舗）の歴史、最近の状況等いろいろと話してくれます。

相手の話をひと通り聞いた後で、「ところで、実はこんなお得な助成金がありますが、活用されていますか？」といった感じで、その会社（店舗）に合った助成金をいくつか提案します。

この場合でも、いきなり挨拶後に始めたのでは、相手もそれほど興味を持って聞いてくれ

ません、先ほどまで先方の話をじっくり聞いていた「経緯」があります。また、相手もかなりあなたに親近感を持っている状態なので、絶妙のタイミングになります。

この訪問方法および会話のパターンを身につけることで、営業の成果も上がってきます。

第3週目は電子申請の申込みを行なって、各種届出のための移動時間の節約、および365日24時間申請ができる体制を整えることで、昼間お客様が営業している時間に訪問営業ができる状況を作り上げます。さらに、今後の全国対応を視野に入れた動きにもつながってきます。

第4週目になると、HPのネット対策の効果が現われ始め、あなたの事務所名の一部を入力すると、上位に複数表示されるようになります。この状態になると、お客様に対して、「○○社労士」と検索していただくと、私の事務所のHPが表示されるので、ぜひ見てください、と帰り際にひと言添えることができます。この効果は非常に大きいものがあります。

2ヵ月目の目標は、スポット契約5件と顧問契約3件（累計顧問契約数4件）、月額15万円程度を目指します。事前準備による信用度の急上昇により、信じられないほどスムーズに営業活動の効果が出てくるため、営業活動にも力が入ります。また、より多くの方々とお会いすることで、スポット契約の受注およびその後の顧問契約の受注へと勢いがついてきます。

4章
3ヵ月目に実施する事項

1 商工会議所等のセミナー講師で実績づくり

ここでは、あなた自身の価値を高めるため、商工会議所等でのセミナー講師となって実績を作る方法についてご説明します。

「セミナー講師」を自分で実施するとなると、「そんなこととても無理」とか「自信がない」など、さまざまなことを考えると思いますが、実はそれほどたいへんなことではありません。

なぜなら、あなたは社会保険労務士だからです。何ヵ月、何年もかけて苦労して取得した、社会保険労務士資格保持者であり、開業社会保険労務士事務所の代表なのですから、自信を持ってセミナー講師ができます。

もっと核心に迫った言い方をすると、セミナーと言っても、緊張したり身構える必要はありません。それは、あなたの持っている知識を、「その知識のない人」に教えてあげることだからです。

あなたはセミナー時点においては、セミナーに参加された方の、10歩も20歩も先にいる状態ですから、まったく焦る必要はありません。たとえるなら、大人のあなたが、小学生に簡単な知識を教えてあげるようなイメージです。

私の場合には、栃木県佐野市にある佐野商工会議所で開催している「まちの学校」で、「あ

なたの年金は大丈夫ですか?」という、年金記録発掘講座を行ないました。さらに、平成22年10月には、千葉県柏市の「柏まちなかカレッジ」で講演を行ないました。

では、なぜセミナー講師をする意味があるのかについてですが、セミナー参加者からすると、"セミナー講師＝先生"となります。そのため、一度でもあなたのセミナーに参加された方は、あなたのことを先生だと認識します。

そのため、DMの配布や飛び込み営業のような苦労をしなくても、相手（お客様）のほうから、あなたに相談や各種依頼をしてくるといった、今までとは逆の現象が発生するようになります。

それほど、セミナー講師の効果は絶大です、ですから、定期的にセミナー講師をしていれば、効率の悪い営業スタイルから、お客様のほうから問い合わせや依頼が来るスタイルへと変化させることが可能となります。

もちろん、そのような状態になるには、ある程度の時間は必要です。

また、セミナー講師を行なった後に、参加者に対して営業を行なった場合においても、セミナー講師としてあなたの信頼度はすでに確立されているため、参加者も警戒心なく、真剣にあなたの提案を聞いてくれるはずです。

さらに、仮にセミナーに参加していない方に営業をする場合でも、会話の中などで「先日は、○○○でセミナー講師をしました」と話をすると、それだけでお客様の信頼度は一気に上昇し、他の社労士との差別化を図ることができます。

そして、他のいろいろなことを合わせることで、あなたのブランディングも成功し、あなたのブランド力をより向上させることができます。

2 法人会、商工会の会員事業所に対する営業法

ここでは、会員になった法人会や商工会の会員事業所への営業法について、具体的に説明をします。

まず、どんな会社や個人事業主が会員になっているのかがわからないと行動することができないため、会員名簿を入手する必要があります。この名簿は、各種団体や各地域により対応が異なり、会員であれば名簿を渡してくれる団体もあれば、最近では個人情報保護法の関係で、会員であっても名簿を渡してくれない団体もあります。また、○○会に加入したら、いろいろな営業マンが売り込みに来るようになり、たいへん迷惑しているといった苦情も各団体に殺到しているらしく、そのことで、名簿を渡さない団体もあります。

会員名簿を入手できない場合には、その団体で主催しているセミナーや懇親会に参加した際に入手した名刺を頼りに営業することになります。

次に重要なのが、会員事業所の規模です。いくら、リストや名刺を入手したからといって、ただ闇雲に営業をしても効果はありません。ここは、じっくりと戦略を練る必要があります。

会員企業の中には、工場や営業所、および事務所は加盟団体の地域にあるものの、本社が

遠方にある場合も少なくありません。

このようなパターンとしては、工業団地等にある企業が考えられます。私の事務所が加盟している団体の会員事業所でも、工業団地内の企業は、大手企業の工場や営業所であることが多く、そのような企業に営業をしても、決定権は本社にあるため、効果的ではありません。

また、規模も大企業となるため、基本的には、中小企業をターゲットとしているわれわれ社労士としては厳しいものとなります。

ですから、そのような会社を除外した企業や個人事業主がターゲットとなります。

ターゲットが決定したら、後は1件1件電話でアポを取るか、直接訪問することになります。現在は、ほとんどの企業や店（個人事業主）もHPがあるため、それを見れば、ある程度の情報は入手することができます。

この情報により、個人事業主や小規模の企業であれば、助成金関係や給与計算、算定基礎届、労働保険申告、賞与支払届等の事務手続のアウトソーシング（代行）を商品として営業することができます。

中小企業でも、ある程度の人数のいる企業（50人以上）であれば、労務管理による合法的な人件費削減（変形労働時間制等の導入）、また昨今、非常に注目されているメンタルヘル

ス対策や再雇用される方の最適給与の提案等で営業します。

このように、ターゲットの規模に応じて当然、営業する商品も考える必要があります。

仮に、従業員が50人以上の規模の企業に対して給与計算のアウトソーシングをしませんか、と営業をしても、その規模の企業であれば当然総務部等があり、給与ソフトを入れて自社内で事務処理している場合がほとんどなので、その営業は難しいと言えます。

逆に小規模な事業所で、経営者あるいはその妻が手書き等で給与計算しているターゲットに対して同じ営業をすれば、受注できる確率は、前者よりは確実にアップします。

したがって、まず相手の情報を入手して、ターゲットに合った営業商品で戦いを挑んでいきましょう。

また、営業をする際にも注意する点があります。それは、あなたが営業をした際、すでに別の社労士が顧問になっている会社に当たった場合です。現在では、仮に別の社労士が顧問になっている会社であっても、お客様があなたと契約したいと思っていただいた場合には、あなたが顧問契約をすることは可能です。

しかし地域によっては、顧問先を取った、取られたでもめる場合があります。開業当初からそのようなもめごとにわざわざ首を突っ込む必要はありませんから、すでに別の社労士が顧問をしている場合には、営業するのは控えたほうがいいでしょう。

しかし、助成金等の提案をした後になって、ターゲットの方から、実は「顧問社労士がい

るんだけど、ただ毎月集金に来るだけで、助成金の提案も受けたことがない」と言われる場合もあります。

その場合には、助成金等であればスポット契約で受注するのもありだと私は考えています。しかし念のため、お客様から顧問社労士に、スポットで〇〇助成金の手続きを他の社労士に頼みますがよろしいですね、と断わっていただいた後で受注するのがリスクのないやり方です。

私は、セカンドオピニオンという考え方を、HPにも事務所リーフレットにも記載していますが、このようなことは現代においてはもはや常識です。お客様が社労士を選択する権利を持っているのですから、すでに顧問社労士がいるからといって、他の社労士に変更することはできないといった古い考え方はおかしいと考えます。

しかし、争いごとを避けるためには、細心の注意が必要だとも考えています。

ですから、私の事務所のHPには、セカンドオピニオンについて次のような注意書きをしています（※他の社労士様へ。すでに先生方にて顧問契約をされている企業様に対して当事務所より営業をして、顧問契約の切り替えを迫る意味ではございませんので、ご理解ください）。

このようなことは、あくまでも地域差だと考えられるため、あなたの事務所が大都市部やその近隣地域であれば、そのようなことを気にすることなく、どんどん営業してもかまわないでしょう。

3 実績を活かしたDMチラシの作成方法

開業してから1ヵ月目、2ヵ月目といろいろな方策を実施してきたことで、従来の社労士にはなかった、一歩も二歩も進んだ営業戦略で結果を出してきました。

ここでは、その実績を活かしたDMチラシの作成法について考えてみたいと思います。

しかし突然、「今までの実績を活かしたDMのチラシ作成と言われても……」と思っているのではないでしょうか。

したがって、私の事務所での活用法を参考にしていただければ、と思います。

119ページの①〜③は、DMの返信用FAXの一番下の部分です。

いろいろな方策を実施していれば、DMを作成するたびに新しいことを記載したほうが効果的なので、さまざまなパターンが作成できます。

基本型は、所属している団体を列挙して、さらにWebで検索するための用語をわかりやすく表示することになります。

その基本型に、実施した事項をプラスしていきます。

①の場合では、佐野市のHPにバナー広告が表示されていること、および佐野市営バスに車内広告を掲示していることをアピールすることで、DMの送付先に対して、行政（佐野市）のお墨つきがあり、さらに一歩先を

行く社労士だと感じていただくことができます。

②の場合には、商工会での年金発掘講座の講師をしていることをアピールすることにより信頼度をアップさせ、さらに栃木労働基準監督署やハローワーク佐野の前に電柱広告を設置していることを伝えることで、ある程度の規模の社労士事務所であると感じていただくことができます。

③の場合には、事務所のリーフレットがあり、さらに多数設置していることをアピールすることで安心感を抱かせ、さらに書籍を執筆中であることをアピールすることで、他の社労士との差別化を強烈にアピールすることができます。

このようにして、新人であっても他の社労士に負けない仕事ができる社労士であることを認識していただくのです。

これは私の場合の例ですが、あなたも同じようにいろいろな活動実績を活かし、DMに、その実績を上手に活用することで、DMはよりいっそうパワーアップしたものとなります。

そのような実績が記載されていないDMに比べて、反応率は飛躍的に向上します。

自分自身が事業主だったと仮定して考えた場合、名前も聞いたことがない新人社労士からDMが来ても、何の興味も持たれず「ごみ箱」に捨てられる可能性は高いのですが、さまざまな実績が記載されていることで、この社労士は他の社労士とはまったく違う、と感じていただくことができるはずです。

①
関東の三大師佐野厄除け大師から徒歩5分
田中社会保険労務士事務所　佐野新都心オフィス
全国社会保険労務士会連合会　登録番号　第09100003号　栃木県社会保険労務士会　会員番号　第090553
佐野法人会会員、佐野法人会青年部会員、佐野商工会議所会員、佐野市あそ商工会会員、
佐野市労働基準協会会員、中小企業事業団幹事

〒327-0004 栃木県佐野市赤坂町971-11
E-mail:srminotanaka@mail.goo.ne.jp　　［田中　佐野新都心］［検索］

★佐野市のホームページに当事務所が表示されております。(※バナー広告、社会保険労務士第1号)
★佐野市営バス「さ～のって号」に車内広告を実施しております。

---

②
関東の三大師佐野厄除け大師から徒歩5分
田中社会保険労務士事務所　佐野新都心オフィス
全国社会保険労務士会連合会　登録番号　第09100003号　栃木県社会保険労務士会　会員番号　第090553
佐野法人会会員、佐野法人会青年部会員、佐野商工会議所会員、佐野市あそ商工会会員、
佐野市労働基準協会会員、中小企業事業団幹事

〒327-0004 栃木県佐野市赤坂町971-11
E-mail:srminotanaka@mail.goo.ne.jp　　［田中　佐野新都心］［検索］

★佐野商工会議所にて「年金発掘講座」講師をしております。
★栃木労働基準監督署及びハローワーク佐野に電柱広告を実施しております。

---

③
関東の三大師佐野厄除け大師から徒歩5分
田中社会保険労務士事務所　佐野新都心オフィス
全国社会保険労務士会連合会　登録番号　第09100003号　栃木県社会保険労務士会　会員番号　第090553
佐野法人会会員、佐野法人会青年部会員、佐野商工会議所会員、佐野市あそ商工会会員、
佐野市労働基準協会会員、中小企業事業団幹事

〒327-0004 栃木県佐野市赤坂町971-11
E-mail:srminotanaka@mail.goo.ne.jp　　［田中　佐野新都心］［検索］

★当事務所のリーフレットは佐野市内を中心として公共施設や民間施設に多数設置しております。
★当事務所代表者である田中実は現在、大手出版社から来春発売予定のビジネス書籍執筆中!

4 事務所のHPを更新する意味とは？

2章では、HPの作成やHP完成後にやるべきことについて説明しましたが、ここではHPの更新について説明させていただきます。

HPも完成して、その後の対策により、検索すれば上位に表示されるようになってきた時期だと思いますが、HPを作成したのが1ヵ月目であれば、2ヵ月目以降に実施している、市区町村のHPバナー広告や市区町村運営のバスへの車内広告、さらには電柱広告の写真等は、HPにはまだ掲載されていないと思いますので、それらの事実をアピールするためにも、HPを更新をする必要があります。

なぜなら、いくらさまざまな営業活動を行なっていても、それをHPやブログ、ツイッターなどで外部に積極的に発信しなければ、その効果は半減するからです。

また、お客様があなたの事務所のHPを見た際、2回目以降であれば、いつも同じ内容のHPでは興味を持っていただけないし、更新もしていないHPを運営している社労士事務所がよい仕事をしてくれるとは、お客様はイメージできないからです。

常にHPの更新を実施して、法改正事項や最新の助成金情報が更新されていて、見るたびに新しい情報を得ることができるHPであればお客様からも信頼されるし、見込み客からも

信頼を得ることも可能となります。

HPはあなたの分身であり、営業マンです。それを、いつまでも同じ内容のままで放置しているのであれば、壁に飾ってある絵と同じです。常に更新することにより、あなたの分身（営業マン）としての役割をはたすことができるのです。

HPは、一度作ったらそれで完成ではなく、常に手入れ（更新）をしてあげることにより、販促ツールとしての役割をはたすことができます。面倒な場合もあるでしょうが、常に更新することを心がけてください。

また更新したこと自体も、営業に活かすことができます。私の事務所の場合は、HPを更新して、お客様にとって有益な情報を追加した場合は、「HPを更新したので、ぜひ見てください。きっと、御社に役立つ内容が見つかると思います」とアピールしています。営業とHPを連動することにより、営業の相乗効果を狙うことも可能です。

また、ツイッターやブログを活用して、更新したHPへと見込み客を誘導することも可能なので、単にHPを更新しただけでも、それを有効活用しようと思えば、その活用法は無限に広がります。ちょっとしたことでも、いろいろと考えて活用することで、予想以上に効果を上げることが可能です。

HPの更新は、お客様の目線に立った、有益な情報発信を定期的に行なうことにより、生きたHPとなります。

5 大手生命保険会社個人代理店を併設する相乗効果

士業の中で、保険会社(生保、損保等)の代理店を兼業しているところを見ると、税理士事務所が多いようです。これは、税務対策や任意の労災に加入することによるリスク回避を事業主に勧めるのを目的としていることが多いのですが、他の士業ではあまりいないように思われます。

しかし、われわれ社会保険労務士は、いわば公的部分の保険に対するエキスパートなので、各種保険関係をお客様に説明する場合にも公的な部分(通常は厚生年金保険、国民年金保険、各種健康保険に加入している)を把握していています。そして、足りない部分を私的な保険で補うことを提案することができるため、数ある士業の中で、これほど保険代理店を兼業するのに向いた職種はありません。そこで私は、アフラックの募集代理店に登録して活動しています。

現に、お客様に保険を説明する場合でも、公的な部分で補われる部分については、過度に私的保険をかける必要はなく、本当に必要な部分に保険をかけることが提案でき、さらに公的保険のプロである社会保険労務士が説明しているため、お客様にも安心していただくことができます。

また、資産運用やお子様への学資保険、さらには経営者向けの保険提案等も提案できるため、経営者だけでなく、その家族や、また一般の方にも広くお勧めすることが可能です。

またお客様にしても、保険代理店や生保の勧誘に対して不信感を抱いている方が多く、公的な部分の知識をきちんと持ち合わせている社労士だからこそ、信用して任せられると言っていただけることも少なくありません。

保険会社によって、取扱いは多少異なると思いますが、私の場合は、「生命保険募集人の資格」を取得するための研修期間が約1週間あり、試験日までは自宅で学習し、合格後に実際の営業方法、取扱商品説明、事務処理等の研修を約1週間受けて、やっと募集代理店として活動できるようになりました。

ですから、時間的にかなり拘束されることが多かったように思いますが、これも開業して数ヵ月ぐらいなら、何とかこなせる範囲内なので、今のうちに募集代理店になっておくのがいいでしょう。実際に、いろいろな業務を依頼されるようになると、時間的に取得が難しくなるからです。

保険の募集代理店を開始したことによる相乗効果は計りしれませんが、まず保険契約すれば手数料収入が入り、しかも基本的には毎月決まった金額が入金されるため、顧問契約と同じく、資金計画が立てやすいため助かります。

社労士としての顧問先やスポット契約先について、保険を契約していただくのは、仕事を

通じて人間関係がある程度できているため提案しやすいのと同時に、入っていただける可能性も高くなります。したがって、表現はよくありませんが、「二度おいしい」ということになります。

また、DM等の反応による問い合わせ電話でお客様の元に向かう場合でも、訪問後に近隣の会社や自営業者に営業を行なう場合、いきなり「社労士です」と訪問してもなかなか厳しいはずです。しかし、保険の募集代理店であれば、「○○保険です」と挨拶をして、そのうえで、「実は社労士もしています」と言えば、スムーズに営業をすることができます。

突然、「社会保険労務士です」と訪問すると身構えられることもありますが、保険の営業マンなら頻繁に訪問しているため、違和感を与えることはありません。

さらに、同じ保険会社の代理店の方と、研修を通じて知り合うことができるため、人脈も増えるし、その結果、社長、役員、個人事業主を紹介していただく機会も増えます。

私の場合も、保険の問い合わせ（資料請求や質問等）で会社を訪問する場合もありますが、その際、こちらが社労士であることがわかると、しだいに質問事項が保険からずれてきて、社労士の仕事のフィールドになってくる場合もあります。

また、その逆もあるため、保険の募集代理店も兼業していたほうが、何かと相乗効果があります。

6 効果的な電話営業法——具体的なターゲットの選定

ここでは、効果的な電話営業についてお話ししたいと思いますが、電話営業を始める前に、4章⑧をお読みいただいて実践してからのほうが、より効果が上がると思われます。

まず、電話営業と言っても、「いったい、どこに電話営業をすればいいのか？」と悩まれる方も多いと思いますが、実は無料でしかも優良な情報のリストを入手する方法があります。

それは、あなたの近くのハローワークを活用する方法です。ハローワークでは、ごぞんじの通り求人情報を扱っており、会社、個人事業主等からの求人があります。

そこで、その求人の一覧表を見れば、どこの会社や業者が新規に人を雇用しようとしているのかがわかります。人を新規に雇用するということは、その会社の業績が上昇中であり、人手不足のための募集や、また退職者等の補充のため、という場合も考えられます。

ハローワークにより多少異なりますが、私の事務所の管轄のハローワーク佐野では、毎週木曜日に新規の求人情報をプリントして掲示しているため、毎週もれなく情報を入手して事務所に持ち帰ってからターゲットを絞り込みます。

電話営業をする場合には、ただ「社会保険労務士事務所の○○と申します。顧問契約をしませんか？」といった電話では、ほぼ100％仕事をもらうことはできません。

そんな電話営業はするわけがないと思われる方もいると思いますが、実際このような営業をしている社労士もいます。

しかし私の場合は、営業電話をする前に事前準備をします。

事前準備とは、電話をする「ネタ」を考えるということになります。この事前準備が重要です。今回は、ハローワークに求人を出している会社、または自営業者がターゲットになるため、助成金のお知らせ（トライアル雇用等）や社会保険等の未加入事業所に対しては、社会保険の加入手続き等を入口商品として、電話をかけた場合のシナリオの作成をします。

電話営業のシナリオとは、電話でターゲットに対して説明する内容、予想される相手の反応をパターン別に作成して、電話の最中にあわてないよう、どのような答えが返ってきても対応できる状態にしておきます。

さらに、ハローワークの求人一覧表を見ながら、ターゲットの絞り込みをしていきます。

私の場合には、ラインマーカーを準備して、求人情報の「従業員数」を確認して、人数が多いところは避け、小規模な事業所を選択します。その後、トライアル雇用等をしていない会社、および加入保険等の欄で、労災、雇用保険、健康保険、厚生年金に加入しているかどうかを確認してターゲットを絞ります。

その後、電話営業シナリオに基づいて電話をかけていきます。

また、ターゲットの選定に当たっては、フリーペーパーの求人誌も活用できます。毎週、

または毎月発行され、しかも無料で入手でき、さらに地元周辺の会社が記載されているため、これほど利用価値の高いものはありません。

フリーペーパーに求人広告を掲載している会社は、数万〜数十万円のコストをかけてまで雇用する人を探しているため、早急に人を雇用したい、またはハローワークでは無料で求人できることを知らないなど、いろいろ理由があると思います。

そこで、まず注目すべき点は、求人広告を見て採用試験に来られた方をそのまま雇用した場合には、ハローワーク系の助成金（トライアル雇用等）を受けることはできないという点です。

したがって、私の場合にはまず、電話営業で、「助成金のお知らせのお電話ですが、○○助成金を活用されていますか？」と質問形式で話し、「していない、知らない」等の返事が返ってきた場合には、すかさずその助成金の概略を説明します。つまり、ハローワークに求人を出して、なおかつ「ハローワークを通じて人を採用しないと、助成金の要件に該当していても受給することができず、損をすることになりますよ」と説明し、お客様が「では、どうしたらいいのか？」と言われたら、「当事務所で、ハローワークに求人募集を出して要件に該当した場合には助成金が申請できるように手続きしていますが、いかがですか？」と言うと、たいていの場合には「詳細確認のため、お会いする必要があるので、ご都合のよい日時はございますか」と聞いてアポを取ります。

| 3ヵ月 | 2ヵ月 | 1ヵ月 |

その後、ハローワークの求人を提出代行しますが、私の場合、ここでは報酬はいただいていません。

これは、あくまでも「種まき行為」であり、実際に求人があった場合には、トライアル雇用の助成金に該当する割合が非常に高いため、そのときに手続きをすることにより報酬をいただいています。

事業主も、ハローワークの求人手続きを無料で代行してもらうことになるため、採用が決まりそうなとき、およびに採用した場合には、確実に連絡をしてくれます。

結論としては、いかにターゲットを絞り込むか、あるいは効果的な商品をご提案できるかによって、その効果はまったく違うものになってきます。

また、この種まきを何件したかによって、その後の助成金申請手続きの件数（報酬）にも影響があり、さらにこの手続きを手がかりとして、社労士としての仕事ぶりやあなた自身の人間性をアピールすることで、スポット契約から顧問契約をしていただける可能性も高まります。またスポット契約であっても、再度依頼される場合も多くなります。

私の場合も、トライアル雇用の助成金を活用していない事業主に対して、この制度を説明したお客様で、求人のたびにご連絡をいただいているお客様がいます。

7　3ヵ月目の目標

開業後3ヵ月が経過すると、HP、電柱広告、事務所リーフレット等の宣伝効果が出はじめてきて、問い合わせのメールや電話が徐々に来るようになります。問い合わせをいただいたお客様については、丁寧に対応しながら、とにかく「訪問して」直接お会いすることが重要です。

現段階では、スポット契約でもいいので、案件を増加させるために、より多くの仕事をすることを目標とします。

電子申請が可能となったため、大幅な移動時間の削減、および対応できる地域が広がっているためターゲットも増加し、勢いもついてきます。

3ヵ月目も、時系列一覧に基づいて適正に行動を実施した場合、第1週目では市区町村運営のバスの車内広告掲示が開始され、さらに商工会等のセミナー講師をすることで信頼度が上昇しているため、その事実を効果的にアピールした電話営業、FAXDM、郵送DM、訪問営業を「継続」することにより効果が表われはじめます。

第2週目には法人会、商工会等の会員事務所の訪問を継続し、できるだけ接触する機会を増やします。この時期には、とにかくより多くの人と会うことを心がけて行動することが重

要です。さらに、さまざまな実績により話題も豊富になるため、その話題をフル活用することで、より交流を深めていきます。

第3週目になると、HPの更新作業をする時期になるため、今までの広告活動内容や助成金等のお得な情報を見やすい形で掲載するなどの更新をします。

HPが、いつ見ても同じままで放置されている状態だと、その事務所と顧問契約を結んでも有益なアドバイスもなく、HPと同じように放置され、ほとんど役立たない存在になることが容易に予想できるからです。

第4週目には、大手保険個人代理店を申し込み、さらに生命保険募集人の試験を受験するなど、いろいろと忙しくなりますが、メリットを考えると、絶対に個人代理店になっておいたほうが今後の営業活動の幅も広がるため、ぜひ実施してください。

3ヵ月目の目標は、スポット契約5件と顧問契約5件（累計顧問契約数9件）で、月額30万円程度を目指します。今までの事前準備＋今月に入ってからのさらなる信用度向上により、営業活動の成果も上がってくるし、あなたの事務所の認知度もしだいに上昇していくはずです。

5章
4ヵ月目に実施する事項

1 大手保険会社個人代理店を活用した具体的な営業法

4章の⑤では、大手保険会社の個人代理店を始めた場合の相乗効果についてご説明しましたが、ここではより具体的な営業法についてお話ししていきます。

まず私の場合、数ある保険会社の中から「アフラック（アメリカンファミリー）」を選択しました。

それは、CM等により知名度が高く、また保険商品にも魅力があり、業界でも上位に位置しているからです。しかし最大の理由は、法人会の福利厚生制度として法人会に認定されているからです。

したがって、法人会に加盟している企業については、法人会の福利厚生制度として認定されているアフラックだと、「企業内に入って話を聞いていただくことができる」ことが最大の魅力です。

アフラックでは、希望に応じて「法人会福利厚生制度　推進員証明書」のカードを発行してくれるため、これを胸にぶら下げておくと、すんなりと会社の中に入ることができます。

私の場合には、まず「アフラックです」ということでご挨拶をして、企業の内容をお聞きしたり保険商品の説明をして、その後に「実は社会保険労務士事務所も開業しています」と

3本柱

収入源

→ スポット契約
→ 顧問契約
→ 保険手数料

※顧問契約を中心として左右の収入源が力強くサポート！

いった感じで、社労士であることをさりげなくアピールして、その会社で活用できそうな助成金の説明や、労務関係での困りごとをお聞きしながら、社労士のフィールドに入り込むようにしています。

やはり、いきなり訪問して「社労士ですが……」と言うよりも、「アフラックです」といってファーストコンタクトを取ったほうが、先方の身構え方が異なるため、楽な感じがします。

また、保険については、法人会に加入している企業であれば、その企業で働く従業員であっても割引（アフラックの保険商品の場合）が適用できるため、そのようなお得な情報もお伝えしながら、「がん保険」の重要性や最近話題の「先進医療」についてもご説明をして保険契約をいただいています。さらに、経営者の退職金の準備のための保険として「95歳満期定期保険」をお勧めしています。

これは、保険料は会社の経費となり、半分は「税務

―― 3ヵ月 ―――――― 2ヵ月 ―――――― 1ヵ月 ――

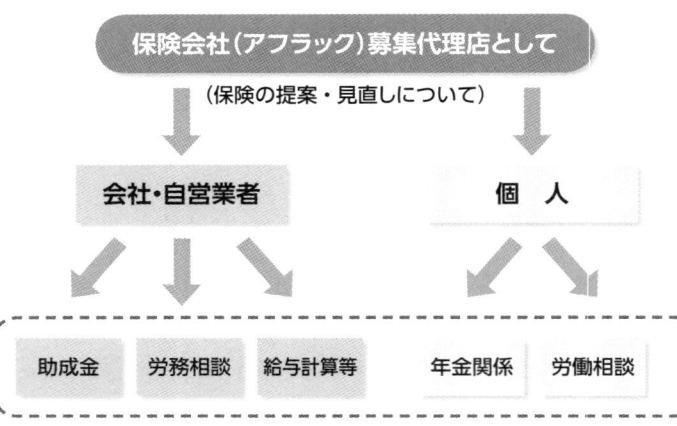

保険会社（アフラック）募集代理店として

（保険の提案・見直しについて）

↓ ↓

会社・自営業者　　　　　**個　人**

↓ ↓ ↓　　　　　↓ ↓

- 助成金　労務相談　給与計算等　　年金関係　労働相談

社労士のフィールドにつながり、仕事に結びついてくる！

上損金で処理が可能」なため、運用利回りと節税効果を考慮すると、3年程度で得が発生する保険です。

これを説明することにより、社労士であっても合法的な節税効果のある方法をご提案することが可能となり、他の社労士とは違った一面をアピールすることができます。

そして、何と言っても契約が成立すれば手数料収入があります。

これは、基本的には毎月定額が振り込まれるため、考えようによっては、顧問契約を獲得したのと同じような効果があり、事務所の運営も、より安定したものとなっていきます。

さらに、すでに顧問契約をいただいている先であっても、保険契約をしていただくことにより、さらに上乗せした「収入源」とすることができます。

個人に対しては、保険の営業をしながら、社労士であることにより年金相談等を受け、将来必要なお金から公的な保険部分（年金等）を差し引いて、なお足りない部分を私的な保険「アフラック」でお勧めすることができるため、実に合理的な営業が可能となります。

しかも、企業に対しても個人に対しても営業が可能なため、営業対象者は一気に増加して、契約の可能性が従来よりも格段に高まります。

とくに、法人会の会員企業に対して有効に営業をすることができるため、ぜひ活用していただきたいと思います。

> 保険の代理店になりたいと思われた方は、私（田中実）に直接メール（srminotanaka@mail.goo.ne.jp）にてご連絡をいただければ、ご紹介させていただきます（全国対応）。※私を最大限に活用してください。最近は希望者も増加しており、採用基準も厳しくなっているため、私から直接ご紹介させていただいたほうが、よりスムーズに始められると思われます。

2 給与計算は宝箱、いろいろな業務が付随する

あなたは、給与計算と聞いてどう思われるでしょうか。イメージとしては、おそらく以下のようなものだと思います。

面倒くさい、毎月時間をとられる厄介な業務、間違えることが許されない重大な業務、割が合わない等、のマイナスのイメージが強いのではないでしょうか。

実際、たしかにその通りだと思います。しかし、それは給与計算のみを考えた場合です。私の事務所でも、給与計算を毎月数社分実施していますが、少しでも間違えると信用問題となるため、細心の注意を払って何回も見直しをしています。

しかし、給与計算は毎月発生する業務であるため、お客様から一度依頼を受けると、毎月の定例業務となります。そのため、定額の安定した収入となるのです。

基本的には毎月の業務なので、顧問契約を締結して顧問料をいただくスタイルが多いと思います。したがって、給与計算＝顧問契約という図式が完成するため、この方法を活用すると、比較的簡単に顧問契約を受注できます。

いきなり簡単に顧問契約を受注できます。しかし、これではどうでしょか。

いきなり営業で、「顧問契約をお願います」と言っても、どう考えても契約していただくことは難しいと思われます。しかし、これではどうでしょか。

「毎月の給与計算はたいへんではありませんか。専門家である私に任せていただければ、毎月の適正な給与計算および保険料率の変更等、面倒なこともすべてこちらで対応させていただきます。この機会に、私に給与計算の依頼を受けませんか？」

このように、給与計算の依頼を受ける側がいきなり、「顧問契約してください」と言うより、よほど効率よく営業ができるし、受注率をアップさせることができます。

給与計算を不安に思う方がいるかもしれませんが、今は給与計算ソフトので、初期設定と毎月のタイムカード等の集計にミスがなければスムーズに計算できます。しかも、保険料率などが変更になれば、給与ソフトのメーカーからバージョンアップのCD-Rが郵送されてくるので、それをインストールすれば何の問題もありません。

では、給与計算はなぜ宝箱なのか、についてですが、ひとつはすでにご説明した通り、顧問契約と直結することです。さらに、毎年の業務の中で、算定基礎届作成・提出、労働保険概算・確定申告書作成・提出、賞与支払届作成・提出、給与支払報告書作成・提出等、給与計算に関係した業務が年間でみるとかなりあります。これらの業務は、給与計算とは別途に発生する業務なので、それぞれスポットとして受注することが可能です。そして、スポット契約として料金を請求することができるため、これほどおいしい仕事はありません。

給与計算を受注していなければ、そのようなスポットの業務を受注することは非常に困難ですが、給与計算をしていれば、当然の流れの中での受注であるため、ほぼ100％の確率

で仕事が入ってきます。

この年間の付随業務は、最初からそれらの業務を含めて少々高めに月々の顧問料を設定する方法と、毎月の給与計算とは別にスポット業務として受注する場合の2つがありますが、私の考え方では、まずは毎月の給与計算のみで契約をして（そのほうが、月々の顧問料が安いため、当初の契約がしやすい）、その後スポットで付随業務を契約して、そのつど毎月の顧問料に追加で請求するほうがいいと思います。そして、1年が経過したぐらいで、顧問先に対して、毎月の顧問料が月によって変動するとたいへんでしょうから、定額にするため、年間の合計額を12ヵ月で割った金額にしましょうか、と提案します。

その際、単に合計額を月割りするだけでは意味がないので、他の業務（たとえば、毎月1回の労務監査の実施、または職場の安全衛生の確認やメンタルヘルス対策等の実施）を織り交ぜることで、月々の顧問契約の金額を少し上げてもらうように交渉すれば、既存の顧問契約の金額を上げることも可能です。

このように、給与計算の受注であっても、それに付随する業務やその後の展開を予想した戦略により、顧問契約自体を大きく育てることも可能となります。

このようなことが可能になるのも、給与計算が毎月の業務であるため、必ずお客様に会うことになるし、その際にも単に給与データやタイムカードだけを受け取るのではなく、タイムカードの打刻漏れや、二重打刻による不明確な部分、あるいは勤怠管理についてや残業の有

ハードルが高い

いきなり顧問契約

ハードルが低い

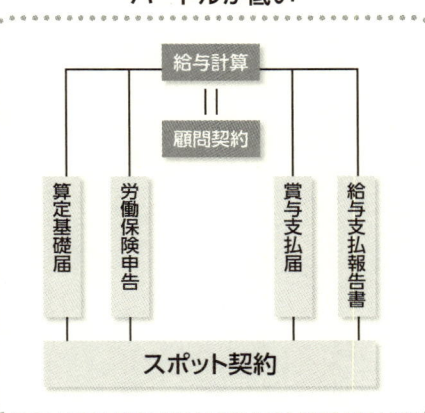

給与計算 ＝ 顧問契約

- 算定基礎届
- 労働保険申告
- 賞与支払届
- 給与支払報告書

スポット契約

無、有給が多い人等について、こちらから質問することで、お客様のさまざまな悩みを聞いて、その問題を解決する方向でアドバイスをします。

また、話を聞いてあげるだけでも、お客様はすっきりするので効果的です。

このようなことを毎月実施することで信頼感もアップし、顧問料の値上げについても快く引き受けてくれるのです。

以上のことから、私の事務所では給与計算は宝箱だと考え、一所懸命取り組んでいます。

3 助成金を最大限活用した上手な営業法

ここでは、助成金を活用した上手な営業について話を進めていきます。

すでに十分ご理解されているとは思いますが、社会保険労務士として独立開業したからといって、仕事が勝手に舞い込んでくることはありません。

だからこそ、いろいろな活動をして短期間で知名度を高め、さらに信用度も向上させてきました。しかし、肝心のお客様に売る商品（サービス）が明確でなければ、お客様が買って（依頼して）くれることはありません。

なぜなら、社労士の仕事自体がお客様には認識されていないし、税理士のように毎月、または決算時には絶対に必要な「先生」ではないと思われているからです。とくに、われわれ社労士のターゲットである中小企業や個人経営者は、そのような意識をお持ちです。

そこで、返済不要の各種助成金を活用して営業をするのです。

ここで注意すべき点はまず、あなたが売りにする助成金を、いくつか「ピックアップ」することが必要となります。それは、助成金はわれわれ専門家ですら知らないものがあるほど、数多く存在しているからです。

そのような多数の助成金の中から、申請要件が厳しくなく、より多くのお客様が該当して

[助成金について]

メリット	・お金が入金される ・資金繰りへの好転要素 ・損益計算書上の効果絶大
デメリット	・調査が入る可能性がある ・適正でない場合には返金の可能性も

※適正な処理をしていれば調査が入っても問題はない

申請できる助成金を見つけ、さらに、誰が見てもすぐにわかる資料を作成して、その資料を営業時のツールとするのです。

そして、お客様に説明するときには、小学生にでも理解できるように、簡単に説明してあげる必要があります。

まず、助成金についてですが、われわれ社労士からすれば、助成金のメリットとデメリットは知っていますが、お客様は素人なので、「助成金」という名称すら初めて聞くという方も少なくありません。

そこで、まず「助成金」についての説明から入ることになります。

簡単に言えば、助成金とは返済不要であり、要件に該当していて申請すれば、お客様の口座に振り込みがなされ、その入金された金額は経理処理上雑収入となり、使用用途も基本的には

自由なので、人件費に使用しなくても、銀行の借入金返済や社員旅行の費用、社内懇親会、備品の購入、商品の仕入費用など、何にでも使用できる点を説明します。

さらに、助成金＝雑収入（損益計算書上）ですから、経常利益率により異なりますが、経常利益率を10％と仮定した場合、助成金入金額の約10倍の売上げ（販売）があったのと同じ効果があります（くわしくは、1章⑨を参照）と説明をしていきます。

次に、あなたが「ピックアップ」した助成金について説明することになります。

これが、助成金営業におけるプレゼンの「一連の流れ」であり、DM営業や電話営業、また飛び込み営業でも、基本的には同じ流れで説明することになります。

しかし、当然ながら相手の状況により、説明方法やその内容について変化させる必要があります。

では、なぜ助成金を活用するのか。それは、お客様にとっては、助成金が入金されれば資金的にも助かるし、借入金と違って返済する必要もないため、これほどいい話はありません。

しかも、助成金の面倒な手続きは専門家である社労士がしてくれて、その報酬（手数料）は助成金の中から数〜数十％支払うだけということで、断る理由はどこにもありません。

ごく稀に、今までいろいろなことで騙されてきて疑り深くなっている方もおられ、「そんなおいしい話は信用できない」と言われることもあります。

そのような場合には、まずその助成金の財源（基本的には雇用保険等が多い）を説明し、

さらにその助成金を実施している機関を説明しながら、最後はその助成金の主旨を丁寧に説明してあげることで、理解していただくことができます。

さらに、そのような方の場合、助成金の要件に一致しない場合や助成金の予算切れ等により、助成金が入金されない場合がある点や、ランダムに実施される調査により、万一申請と異なる点が発見された場合、入金された助成金を返金しなくてはならない、というリスクがある点を説明します。

すると、リスクもあって、ただおいしいだけの話ではないため、逆に信用できるとして申請を依頼されるケースもあります。

したがって、お客様によっては説明する内容を変えていく必要もあるため、説明する際、お客様を観察しながら説明することが、申請を受注する「コツ」になります。

このように、お客様にもさまざまなタイプの方がいるため、そのタイプを見抜いて効率的に営業を実施することで、助成金の申請依頼は受注できます（スポット契約の場合）。

私の場合は、助成金をスポット契約で実施して、その後社労士の必要性等を説明しながら顧問契約等に結びつける方法がスムーズだと考えています。

4 入口商品用の助成金の具体例

ここではいよいよ、実際に助成金を使った具体的な営業法をご説明します。

これからご説明する方法は非常に効果的であり、かなりの確率で受注することができる、私にとっては「重要な営業ツール」であり、今までは仲間のうち、ごく一部の社労士にしか見せたことがない資料です。

まずは、実際の資料をご覧ください。

この資料は、実際にはA4の大きさのファイルで、お客様の方向に向けてお客様に見ていただきます。

このように、お客様が一目見れば「もらえる金額」がズバリ理解でき、さらにその金額が、どのように入金されるのかという概略をつかむこともできます。

この助成金は、ハローワークで申請手続きをする助成金なので、国が作成した助成金の資料はハローワークで入手できますが、その資料を利用して説明した場合、金額も小さく細かい内容も記載されているため、お客様に説明しても理解していただくことはできません。また、お客様にはそこまで理解する必要がありません。経営者の方は、忙しくて時間がない方が多いため、細かい説明をしていたのでは「もう時間がないし、面倒だから帰ってくれ！」

［返済不要の政府助成金について　常時おすすめ助成金］

試行雇用報奨金
ハローワークを通じて新規雇用

⬇

1人当たり
12万円
(何人でも)

⬇

月額4万円×3ヵ月間

※該当者が非常に多く、何人でも受給可能

必要な条件及び提出書類
- 助成金に対応した求人の申込
- トライアル雇用計画書の提出（2週間以内）
- 助成金申請書等の提出（1ヵ月以内）
- 助成金の要件に該当していること

（平成24年3月3日までの時限措置）

若年者等正規雇用化特別報奨金
ハローワークを通じて新規雇用

⬇

1人当たり
100万円
(何人でも)

⬇

50万円	25万円	25万円
(1回目)	(2回目)	(3回目)

※最近顧問先でも該当者が数名でました

必要な条件及び提出書類
- 助成金に対応した求人の申込
- 助成金申請書等の提出
- 助成金の要件に該当していること

田中社会保険労務士事務所　佐野新都心オフィス

と言われかねません。

ですから、いかにわかりやすく、しかもお得感を伝えることができるかが、「勝敗を分ける大きなポイント」となります。

営業活動がおもわしくなく、社労士の方に聞くと、「助成金の営業もしているけど全然ダメだね」という意見を聞くことがあります。

しかし、そのような方にどのように営業しているのかを聞くと、たいていの場合、ハローワークに置いてあるパンフレットを使って、お客様に説明している場合が多いようです。

これでは、助成金の申請手続きを依頼されないのも当たり前という気がします。

なぜなら、私がお客様の立場で考えた場合、細かい資料で説明をされても理解できないし、本当に知りたいことは〝①いくら入金されるのか、②その時期はいつか、また③当社（当店）は、その助成金をもらえるのか〟という点だからです。

したがって、そのことをポイントとして資料を作成してお客様に提示することにより、受注率が異なってくるのです。

次に、よりくわしい仕事の取り方を説明すると、助成金を受注するためのポイントは「ハローワークを通じて人を雇用する」点です。しかも、その助成金を使用する専用求人で雇用して要件に該当した場合なので、まず求人がハローワークに出されているのか、また出されていた場合、その助成金を使用する求人となっているのか、が重要となってきます。

[助成金営業手順]

```
ハローワーク求人データ入手
         ↓            ┐
助成金未活用企業の選択        │ ターゲット選択
         ↓            │
営業（DM、TEL等）          ┘
         ↓            ┐
ハローワークへ求人依頼        │ 種まき
         ↓            │
会社側にて採用            ┘
         ↓            ┐
助成金の手続き依頼          │
         ↓            │ 業務開始
助成金入金              │
         ↓            │
助成金×10％～報酬          ┘
```

たいていの場合には、要件に該当した求人を、ハローワークで手続きしていない場合が多いため、私の事務所ではまず、経営者の代わりに無料で求人依頼するサービスを行なってしています。

これにより、種まきをした状態になります。現在では、まだ失業者が多く、求人を出せば人が集まる時代なので、1～2週間程度で採用されることが多いようです。そうすれば、たいていの場合、「試用雇用報奨金」に該当するため、採用後事業主から連絡をいただき、その助成金の申請手続きを依頼されるという流れが生まれます。

| 3ヵ月 | 2ヵ月 | 1ヵ月 |

これは、無料で求人手続きまでしてくれたのだから、助成金の申請をこの社労士事務所に依頼するのは当然と思っていただけるため、ある意味お礼のような関係です。

したがって、種まきをするほど、この助成金の申請を依頼される件数は多くなり、これによりお客様の会社や店に何度も足を運ぶことになるため、徐々に自分自身を売り込むことができるわけです。そのため、顧問契約等につなげるための最適な入口商品となります。

ここで、助成金のターゲットについて説明していくと、ハローワークにより多少の違いはありますが、求人情報が決められたサイクル（毎週、または月数回）で、印刷されて設置されているため、その用紙を入手してきます。

その情報を見ると、トライアル雇用や若年者等を活用した求人なのか、それともその助成金を活用できる求人になっていないか、がすぐにわかります。

そこで、助成金を活用できる求人になっていない会社（個人事業主を含む）にペンで印をつけることにより、有力な営業先リストができます。

その会社に対して、郵送DM、電話営業、飛び込み営業などでアタックして、まずその助成金の存在を説明した後、求人の出し直しを提案するといった流れにします。実は、この方法は私が仕事を獲得するための必勝パターンなので、他の社労士には教えたくないのが本音（それほど効果的）です。この方法で実際に行動すれば、かなりの件数のスポット契約が、それほど苦労せず受注できるはずです。

5 セット販売できる助成金の具体例

前項に続き、今回はセット販売をする助成金についてご説明します。

結論から言うと、特定就職困難者雇用開発助成金＋定年引上げ等報奨金のセットになります。

概略は、特定就職困難者雇用開発助成金で、60歳以上65歳未満の方の新規雇用を予定している企業や個人事業主に対して、この助成金を提案して、ハローワークに求人を依頼します。実際に雇用された場合には、助成金を申請して、さらに定年引上げ等報奨金により、65歳以上の定年の引上げを実施することで、さらに報奨金を申請します。

これにより、事業主としては第一段階として特定就職困難者雇用開発助成金を受給し、第二段階として定年引上げ等報奨金を受給します。

このような提案を事業主に対して行なうことで、60歳で定年となり職業を失った方々の労働力や経験を有効活用できるし、事業主としても助成金や報奨金が受給でき、さらに就業者としては、就職しやすい環境が整備されることで就業機会も拡大し、老後の安定した資金の基盤づくりが可能となります。

また、社労士には助成金の申請による報酬が入金されるため、関係者すべてが得をするす

(3ヵ月)　　　(2ヵ月)　　　(1ヵ月)

[返済不要の政府助成金について　今月のおすすめ助成金]

特定就職困難者雇用開発助成金

60歳以上 65歳未満
ハローワークを通じて新規雇用

↓

1人当たり
90万円
（何人でも）

↓

- **45万円**（1回目）
- **45万円**（2回目）

必要な条件及び提出書類
- 雇用保険の適用事業主であること
- 労働者名簿、賃金台帳、出勤簿等の整備・保管
- 1週間所定労働時間が30時間以上
- 申請期間内に申請
- ※対象者が過去3年間に働いたことがある場合は不可

60歳以上 65歳未満
ハローワークを通じて新規雇用

↓

1人当たり
60万円
（何人でも）

↓

- **30万円**（1回目）
- **30万円**（2回目）

必要な条件及び提出書類
- 雇用保険の適用事業主であること
- 労働者名簿、賃金台帳、出勤簿等の整備・保管
- 1週間所定労働時間が20時間以上30時間未満
- 申請期間内に申請
- ※対象者が過去3年間に働いたことがある場合は不可

田中社会保険労務士事務所　佐野新都心オフィス

[返済不要の政府助成金について　常時おすすめ助成金]

定年引上げ等報奨金　※旧定年年齢が65歳未満の場合

65歳以上70歳未満までの定年引上げを実施

↓

1回限り
40〜80万円

↓

40万円	60万円	80万円
1〜9人	10〜99人	100〜300人

※企業規模(人数)により支給額が異なる

必要な条件および提出書類
- 雇用保険の適用事業主であること
- 就業規則の変更
- 申請書の提出
- 詳細は別途

70歳以上または定年廃止の定年引上げを実施

↓

1回限り
80〜160万円

↓

80万円	120万円	160万円
1〜9人	10〜99人	100〜300人

※企業規模(人数)により支給額が異なる

必要な条件および提出書類
- 雇用保険の適用事業主であること
- 就業規則の変更
- 申請書の提出
- 詳細は別途

田中社会保険労務士事務所　佐野新都心オフィス

わかりやすくするため、例題で具体的な金額を説明します。

【例示】旧定年退職年齢が65歳、従業員10人、ハローワークより新規に62歳の方を週30時間以上の契約で雇用し、定年引上げ（65歳以上70歳未満）を実施した場合。

特定就職困難者雇用開発助成金
適正に申請することにより、1回目45万円、2回目45万円の合計90万円を受給

定年引上げ等報奨金
適正に申請することにより、60万円を受給

したがって、この場合には合計150万円の助成金が受給できることになり、社労士の報酬が仮に助成金受給額の15％とするなら、約20万円の報酬となります。

高年齢者を雇用する企業の場合、すでに高齢者を多数雇用している場合や、体調不良等により高齢者が辞めずに長く働き続けてくれるという思いから新規に雇用する場合や、退職される方の代わりに雇用する場合にも、高齢者を希望される事業主は少なくありません。

その場合だと、特定求職者雇用開発助成金に該当する方が複数現れる可能性も高く、そうなると、そのつど90万円（勤務時間により異なる）の助成金申請ができるため、社労士の報酬もそのつど、約14万円程度が見込める計算になります（報酬を15％で計算した場合）。

この助成金のセット販売をする場合には、事業主にそれらの助成金の主旨をしっかりと説

明して理解してもらい、定年引上げの場合に発生するリスク等を十分に承知していただく必要があります。助成金等を受給したいがために、高年齢者の雇用受入れや就業規則の変更で定年引上げをするのでは本末転倒です。

すでにごぞんじの通り、助成金はさまざまな種類があり、社労士であっても、勉強を怠っていると、お客様が活用できる助成金を見つけることはできません。また、勉強熱心でさまざまな助成金が頭の中に入っていても、それをお客様にわかりやすく説明することができなければ宝の持ち腐れです。

そのため、助成金の中からまず要件が厳しくないものを選択して、お客様に説明しやすい資料を作成して説明し、申請手続き等を行なって、さらにそのお客様に対して、活用できる助成金が他にないかを調べることで新しい助成金を見つけて、第二、第三の助成金のセット提案を実施することができます。

こうすることで、活用できる助成金を効率的に勉強することができます。

さらには、他のお客様にも活用できる営業ツールが完成するため、この行為を繰り返していくうちに、助成金の営業ツールが数多く生まれストックされていくことになります。

すべてを勉強して、理解してから行動するのではなく、走りながら勉強をして営業ツールを作成し、お客様に提案をしていきながら、さらに勉強と、すべてを同時進行で行動しなければ、あなただけの社労士道を開拓することはできません。

3ヵ月 ── 2ヵ月 ── 1ヵ月

```
┌─────────────────────┐
│    助成金を勉強      │
└─────────────────────┘
          ▼
┌─────────────────────┐
│ 活用できる助成金の発見 │
└─────────────────────┘
          ▼
┌─────────────────────┐
│   営業ツールの作成    │
└─────────────────────┘
          ▼
┌─────────────────────┐
│ ターゲットへの提案(営業)│
└─────────────────────┘
          ▼
┌─────────────────────┐
│     申請手続き       │
└─────────────────────┘
          ▼
┌─────────────────────┐
│  別の助成金を勉強     │
└─────────────────────┘
          ▼
┌─────────────────────┐
│ 活用できる助成金の発見 │
└─────────────────────┘
          ▼
┌─────────────────────┐
│   営業ツールの作成    │
└─────────────────────┘
          ▼
┌─────────────────────┐
│ ターゲットへの提案(営業)│
└─────────────────────┘
```

ポイント
常に走り(行動し)ながら同時進行！

私の事務所で、実際に使用している営業ツールは150〜151ページの通りです。エクセルで作成して、A4のクリアーファイルに入れてお客様に提示しながら説明するようにしています。

次に、助成金についての一連の流れ図です。

このように、同時進行が理想的であり、机の上でいくら知識を身につけても、活動しなければ無駄な努力となってしまいます。

6 個人経営者向け付加年金チラシ等のお得情報活用術

ここでは、個人事業主に特化した付加年金を活用した営業方法をご説明します。

それにはまず、付加年金を思い出していただく必要があるため、簡単に説明します。①付加保険料を支払っていた人は、老齢基礎年金にプラスして付加年金を受け取ることができ、これは国民年金の第一号被保険者だけの特典であること、②付加保険料は2年で元が取れ、死亡するまで支給されること、③毎月の保険料は400円であり、1年間に受給できる付加年金の金額は200円×付加保険料納付済月数であること、④カード支払いで納付ができることです。

このように、月々の掛け金は少ないにもかかわらず、かなりのお得感がある付加年金ですが、制度の内容を理解している方が少ないので、教えてあげると喜ばれます。

仮に、40年間付加保険料を支払うと仮定した場合、20年間付加保険料を受給した場合には次の金額となります。

支払総額＝付加保険料400円（月額）×12（月数）×40（年数）＝19万2千円

受取総額＝200円×480（月数）（40年×12ヵ月）×20（年数）＝192万円

したがって、この例示の場合だと、「なんと」支払額の「10倍」の金額を受け取ることが

次に、国民年金保険料の節約方法についてですが、私の場合には1年間カードでの先払いをお勧めしています。

単純に考えた場合、口座振替の1年間前払いが年間1人3690円の割引となりお得なのですが、カード払いの1年間先払いの場合だと、1人3120円の割引＋「カードのポイント」が取得できるため、総合的に考えるとカードの年払いが最もお得だと考えられます。

1人1年間の割引額が3120円でも、通常夫婦2人分を支払っている方が多いため、2人で年間6240円の割引になり、さらに40年間支払った場合には、単純計算だと6240円×40（年数）＝24万9千6百円＋ポイントなので、かなりのお得感があります。

ですから、この支払い方法を知っているかどうかによって、大きく損得が変わってきます。このような情報を、付加保険料と一緒に教えてあげることで、あなたの社労士としての信頼度は急上昇するはずです。

また、その場では仕事に結びつかなくても、お得な情報を無料で提供しているわけですから、「お礼の法則」で知り合いを紹介してもらうことができたり、数ヵ月後に仕事が発生するケースもあります。

次ページのチラシは、私の事務所で実際に個人事業主に対して配布しているものです。

支払総額19万2千円→受取総額192万円

できますから、かなりのお得感があります。

国民年金保険料節約方法＆年金額増額方法について！

付加年金は自営業者の為の有利な制度です。

付加保険料を支払っていた人は、老齢基礎年金にプラスして、付加年金を受け取れます。これは、国民年金の第1号被保険者だけの特典です。

★付加年金は2年間でもとが取れ、死亡するまで支給されます。

毎月400円の付加保険料を支払えば次の計算式にて算出した額が受給できます。

付加年金の額（1年間に受け取る額）＝200円×付加保険料納付済み月数

よって、仮に40年間付加保険料を支払う場合、40年間に支払う付加保険料の合計は19万2千円で、受給額は年額9万6千円（200円×480ヶ月（40年×12ヶ月））になります。

仮に20年間年金を受給すると考えた場合には、付加年金の総受給額は192万円（年9万6千円×20年）となり、なんと支払い金額の10倍となります。

※（支払額）19万2千円が→（受取額）192万円になるのですからこれほどお得な事はありません。

● 国民年金加入の方にお得な情報があります。

最適な支払方法は→（国民年金＋付加年金）を年払して、さらにカード支払の手続きをする方法。

※年払いとは先に1年分を先払いする制度です。

1年間で3,120円割引になり、さらにカードポイントが取得できます。※夫婦なら6,240円お得！

※口座振替は1年間で3,690円割引となりますが、カードポイント還元率と比較するとカードの方が◎
（※カードポイントについては一番ポイント還元率が良い会社を選択しましょう。）

※私の個人的見解では現状→楽天カードが一番だと認識しております。

ここで、注目すべき点は付加保険料も含めてカード支払いできる点です。

どうせ支払う必要のあるものは賢く納付して将来に備えましょう。

★割引制度をうまく活用して、さらにカードポイントを取得、そして付加年金にて年金額をUPさせましょう！

＜付加年金の保険料と受け取る年金額＞

	総支払額（負担総額：円）	付加年金（年額：円）	付加年金（月額：円）	20年間受給（総受給額）	25年間受給（総受給額）
1年	4,800	2,400	200	48,000	60,000
5年	24,000	12,000	1,000	240,000	300,000
10年	48,000	24,000	2,000	480,000	600,000
20年	96,000	48,000	4,000	960,000	1,200,000
30年	144,000	72,000	6,000	1,440,000	1,800,000
40年	192,000	96,000	8,000	1,920,000	2,400,000

国民年金と付加年金を40年間納付していた場合には次の金額を受給できます。

①老齢基礎年金（国民年金）満額792,100円（平成21年度価格）（年額）

②付加年金96,000円（年額）

合計 ①＋②＝888,100円（年額）になります

田中社会保険労務士事務所　佐野新都心オフィス（田中　佐野新都心　検索）

7　4ヵ月目の目標

4ヵ月目になると、今までの広告活動により、営業エリア内であなたの事務所名を知っている人も増えて、知名度も上がってきます。

したがって、飛び込み営業やDMの送付後に電話をした場合でも、あなたの事務所を「知っている」と言ってくださる方が増えてくるのを感じることができるはずです。

また、大手の保険代理店になったことをフル活用することで、一般企業から個人の方まで出会いが一気に広がるため、さまざまな所でのつながりが出てきます。

たとえば、個人に生命保険を販売するための営業活動であっても、お得な情報（5章⑥個人経営者向け付加年金チラシは、一般の方へもそのまま使用できる）を教えてあげることで、年金相談かライフプランの設計の話につながることもあります。さらに、個人の方であっても、会社に勤務していたり、または自営業をしている方もいるため、社労士の仕事にもつながってきます。

人とのつながりが大きく変革するという意味では、この4ヵ月目が非常に重要な時期になります。

4ヵ月目も、時系列一覧に基づいて適正に行動を実施した場合、第1週目では商工会等の

講師の仕事を継続して実施して、さらにその受講者に対して営業を開始していきます。

また、電話営業、FAXDMもできるだけ行なっていくことになるため、時間があまりないからです。しかし、ここで次につながる営業をしていなければ、次のステップに行くことはできないため、スキマ時間を使って営業を行なっていきます。

第2週目には、3ヵ月目と同様に法人会、商工会等の会員事業所を訪問します。この訪問は、引き続き新規会員になった挨拶ということで訪問します。なぜなら、会員数が多いため、まだ挨拶していない会社が多数あるからです。

生命保険代理店についても、合格後の研修が終了して本格的に活動ができる状態になるため、活動のためのパンフレット等を用意して準備を怠らないようにします。

第3週目も、引き続き営業を実施していきますが、この週では事務所HPの更新作業も忘れずに行なう必要があります。FAXDMや郵送DMを見たお客様が、助成金等のお得な情報を入手するために、あなたのHPを見る機会が増加するからです。ですから理想は、HPのトップページにDMと連動した助成金等のお得情報を載せることです。

しかしここで重要なことは、できるだけわかりやすく記載しますが、すべてを記載しないということです。すべてを記載してしまうと、自社で手続きをしてみようという会社も出てくるのと同時に、この時期になると地元周辺の同業者も、あなたのHPをチェックしているか

らです。ですから、なるべくわかりやすく表示するとともに、ライバルにノウハウを気づかせないテクニックが求められます。

第4週目には、あなたの事務所のリーフレットを設置している場所へのリーフレットの補充およびオリジナルチラシを設置する作業を、営業と同時並行で実施します。

せっかくリーフレットを補充するために訪問するのであれば、新しく作成したチラシもそのつど持参して設置しましょう。補充しに行くと、けっこうなくなっていることも多いため、なるべくこまめに補充する必要があります。

4ヵ月目の目標は、スポット契約8件と顧問契約6件（累計顧問契約数15件）月額50万円程度を目指します。

年金相談や助成金等のスポット契約先に対して、顧問契約をすることによるメリットを上手に説明して顧問契約につなげ、さらに給与計算の依頼を受けることにより、契約となるケースも出てきます。

また、今までの実績により、あなたの人間性をお客様から認めていただくことで、紹介件数も増加してくるため、紹介者の顔に泥を塗るようなことがないように、紹介先に対して丁寧に対応する心がけも重要です。

この時期になると非常に忙しくなるため、既存の顧問先等をほったらかしにしたり、対応が遅れることがないように気を引き締めていかなければなりません。

6章
5ヵ月目に実施する事項

1 会社設立時の社会保険手続関係のDM作成法

ここでは、新たな市場の拡大のために、設立されたばかりの企業をターゲットとしてDMを送り、仕事を獲得することを目的として行動します。

なぜ、会社設立時の企業をターゲットとするかと言うと、会社を設立する際には、いろいろとしなくてはならない社会保険関係等の手続きがあるからです。

しかし経営者は、会社設立時はとくに忙しく、そのようなことにまで手も頭もまわらないし、そもそもそのような手続き(社会保険関係等)が必要だという認識すらない場合もあります。

ここでまず、会社設立の流れを簡単に理解していただきたいと思います。

会社設立の流れは、次の通りとなります。①会社の概要の決定→②類似商号、事業目的の適否チェック→③印鑑セットの作成、印鑑証明の取得→④定款の作成→⑤定款の認証→⑥金融機関への資本金の払い込み→⑦法務局への登記申請→⑧会社設立後の各種届出(税務署、年金事務所、労働基準監督署、ハローワーク等)

以上が、簡単な流れになりますが、われわれ社労士の出番となるのは、⑧の会社設立後の各種届出の時点となります。それまでの手続きについては、行政書士や司法書士のフィール

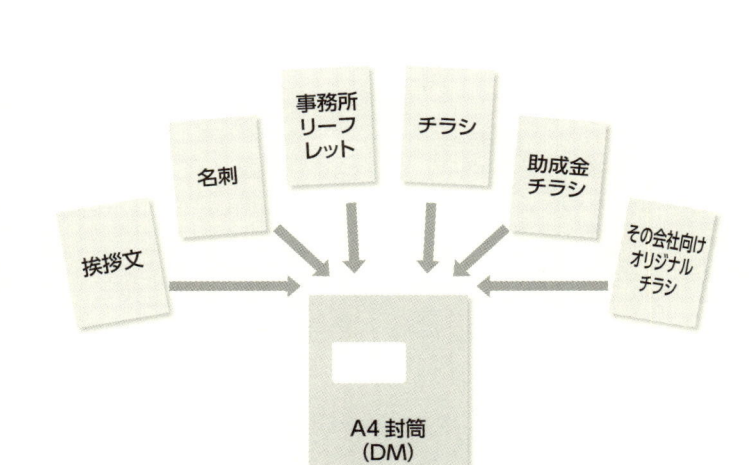

ドとなります。

DMの作成で最も重要なポイントは、事業主に会社を設立したらいろいろな届出が必要であるということを認識していただき、法律上定められていることの基礎知識を与えながら、その手続きを依頼していただく方向に持っていくことです。

したがって、私の事務所の場合には、①社会保険の加入手続き（法人の場合、労働者を1人でも雇っていれば加入する必要があるということを、まず認識していただく）、②労働保険加入手続き（労働者を1人でも雇用していれば労働保険、保険関係成立届や労働保険概算保険料申告書を提出して労働保険料を支払うことが必要であることを認識していただく）、③同じく、労働者を雇用して週20時間以上勤務する方がいる場合には雇用保険の加入手続きが必要である

6章 | 5ヵ月目に実施する事項

こと、④労働者が10人以上いる場合には、就業規則を作成する義務がある、というようにそれぞれの項目について重要性をアピールします。

DMは、会社設立情報に基づいて郵送しますが、その際、他のDM発送とは異なり、A4サイズの大きめの封筒に次のものを同封します。

同封するものは、挨拶文、インパクト名刺、事務所リーフレット、無料FAX相談フォームチラシ、助成金関係チラシ、その企業向けのオリジナルチラシ（すでにHPを開設している会社もあるので、そのような会社の場合には、HPから情報を入手してその会社に合ったオリジナル商品［サービス］のチラシを作成する）を同封します。

当然、ここまでいろいろ発送するとなると、中身のコストも送料もかかるため、1件当たりのDMコストは通常のDMの2倍以上になります。

しかし、このターゲットは多少のコストをかけても、質を重視した内容にする必要があります。

ことができる可能性が高いターゲットなので、後から十分に取り戻す（回収する）次ページに、私の事務所で使用している、新設会社向けのDMのFAX返信フォームを載せますので参考にしてください。

下記の重要な手続きはおすみですか?

①社会保険の加入手続き
管轄の年金事務所にて手続きが必要です　※法人の場合労働者1人でも雇用していれば加入となります

②労働保険の加入手続き
管轄の労働基準監督署へ労働保険保健関係成立届や労働保険概算保険料申告書の提出が必要となります

③雇用保険加入手続き
管轄のハローワークにて雇用保険適用事業所設置届や雇用保険被保険者資格取得届の提出が必要となります

④就業規則の提出
労働者が10人以上いる場合には、労働基準監督署に就業規則の提出が必要となります

ご面倒な手続きは、国家資格保持者であり、社会保険手続き等の申請代行を認められております当事務所の社会保険労務士にお任せください

お気軽にお問合せください
ネットで検索するよりも、専門家へ無料で質問したほうが効率的!

★★多数の実績によるノウハウにより、スムーズな対応・届出が可能です
📱 080-6586-5950　(担当田中)

無料FAX相談フォーム　　返信先FAX:0283-21-3360

御社名	ご担当者様名
電話番号	お問い合わせの助成金　①　　②　　③　　④

関東の三大師佐野厄除け大師から徒歩5分
田中社会保険労務士事務所　佐野新都心オフィス

全国社会保険労務士会連合会　登録番号　第09100003号　栃木県社会保険労務士会　会員番号　第090553
佐野法人会会員、佐野法人会青年部会員、佐野商工会議所会員、佐野市あそ商工会会員、佐野市労働基準協会会員、中小企業事業団幹事

〒327-0004 栃木県佐野市赤坂町971-11
E-mail:srminotanaka@mail.goo.ne.jp
URL:http://srminotanaka.homepagelife.jp/

| 田中　佐野新都心 | 検索 |

佐野ハローワーク前、栃木労働基準監督署前に電柱広告を設置しております。

★★当事務所代表者である田中実は現在、大手出版社から来春発売予定のビジネス書籍執筆中!

2 会社設立情報の入手法と営業方法

前項では、会社を設立した企業へのDMの作成方法についてご説明しましたが、ここでは、実際にどうやって会社設立情報を入手するのか、また具体的な営業方法について解説していきます。

この営業のスタートでは、何と言ってもターゲットである会社設立直後の会社の情報を入手することが重要です。

しかし問題は、どうやって会社設立の情報を入手するかという点です。

これは、情報を入手するための数ある手段の中の一例になりますが、新しくできた会社の情報は、法務局の「商号調査簿」を閲覧すれば簡単に調べることができます。(※「商号調査簿」の閲覧は無料)

ですから、無料で新設法人の情報がゲットできるのです。「商号調査簿」は、基本的には50音順ですが、設立直後の会社は新規分として別のファイルになっていることが多いと思われます。

しかし、この「商号調査簿」に記載されている情報は会社名と本社の住所地になります。

ですから、代表者の名前までは調べることはできないため、郵送DMの場合には宛名は

「○○○会社　代表取締役社長様」として発送することになります。

この新設法人の情報を入手するために法務局に行くのはたいへんだし、あなたの事務所の近くの法務局では、その法務局の管轄のデータしか見ることができないため、大量の情報を入手することは困難だと思われます。

情報の地域（範囲）が限定され、しかもその情報を持ち帰るには、書き写すか印刷する必要があるため、かなりの時間と手間がかかります。

そこで、名簿業者から新設法人の情報を購入してDMを発送するのが、最も効率的です。

しかし、業者によって多少異なるものの、1件30円前後のコストが発生します。

単純に計算すると、1000件なら3万円、3000件なら9万円になります。しかし、あなたの営業圏内にそれほどの案件があるのかを考えてみてください。

たしかに、都市部を営業圏としていれば、3ヵ月程度の情報であれば、それぐらいの件数に達するかもしれませんが、地方の場合にはそもそも件数自体がほとんどありません。ちなみに私が、平成22年8月分の栃木県を調べてみたところ、100件もありませんでした。

さらに、購入した情報が最新データで精度の高いリストなら、購入する意味がありますが、精度が低くて情報も古い場合には、すでに会社設立当時の諸手続きが完了している恐れもあります。

そうなると、今回のターゲットへの売り込みは、何の成果もなく失敗といった結果になり

かねません。

したがって、効率が悪くても自分で法務局に出向いて「商号調査簿」を閲覧して情報収集したほうが、DMの成果は上がるかもしれません。

これは考え方しだいなので、精度の高い情報で枚数が少ないDMを実施するか、多少精度が疑わしくても件数を多く出すことで確率の勝負をするかは、あなた自身が判断しなければなりません。

また、前者と後者を併用する方法もあります。私としては、併用をお勧めします。

次に、実際に依頼を受けた際の受注金額についてですが、やはりその会社の規模やあなたの事務所からの距離で決めていくのがいいでしょう。

なぜなら、人数が多ければ当然手間がかかるし、その会社が遠ければ移動コスト、移動時間もかかるため、その分割高にする必要があります。

実際に実施する手続き（商品）は、次の4つ（社会保険の加入手続き、労働保険の加入手続き、雇用保険の加入手続き、就業規則の作成・提出）になりますが、これに加えてその会社の状況により、給与計算のアウトソーシングについても営業していくことになります。

また、会話をしながらその会社に活用できそうな助成金等を併せて提案していくことで、受注確率は格段にアップします。

新規の会社は、税理士や社労士などとのつながりを持っていない場合が多いため、さまざ

まな手続きを実施するとともに、いろいろな相談を聞くことで信頼感を得て、顧問契約に結びつく可能性が高くなります。

新規の会社は、とくに「まっさら」なため、通常の企業に比べて比較的営業はしやすいと思われます。

新設会社情報入手の手順について、わかりやすいように流れ図で記載しておきます。

前に述べた通り、商号調査簿では会社名と住所はわかりますが、代表取締役の名前までは記載されていないため、よりくわしい内容を知りたい場合には、手数料は千円かかりますが、法務局でその会社の謄本を入手する方法もあります。

［新設会社情報入手の手順］

行政文書開示請求書
(郵送)
▼
行政文書開示決定通知書
(郵送)
▼
行政文書の開示の実施方法等申出書
(郵送)
(情報入手)
▼
**○○法務局法人登記部門における
平成○○年○月分の商業登記受付帳**
(訪問)
▼
法務局
(受付手続き)
▼
商号調査簿閲覧書(窓口へ提出)
(商業登記受付帳に基づき)
(コンピュータにて閲覧)
▼
商号調査簿→閲覧
(情報入手)
▼
商業調査簿→印刷(または書き写す)
(詳細データを入手したい場合)
▼
会社謄本(履歴事項全部証明書、現在事項全部証明書)
発行手数料1000円

6章 | 5ヵ月目に実施する事項

3 懇親会等でお会いした方へのアプローチ法

地元の団体が主催する各種講習会やセミナー、懇親会等に積極的に参加して数ヵ月経過すると、お会いするのが数回目になる方が出てきます。

そのような方の中でもいろいろとレベルがあり、大まかに区分すると、次のレベル分けができます。

レベルⅠ＝顔を見たことがあり、軽く会釈をする程度の人
レベルⅡ＝「こんにちは、こんばんは」等、実際に声を出して挨拶をする人
レベルⅢ＝ふた言三言、会話を交わすことができる人
レベルⅣ＝比較的親しくなっていて、5～10分程度話ができる人
レベルⅤ＝ある程度親しくなっていて、隣に座って数十分話ができる間柄の人

など、実にさまざまです。

では、実際に営業をしていく場合、それぞれレベルの異なる方に対して、同じ営業方法で接してもいいのでしょうか。当然、それぞれのレベルに合った攻め方が必要になってきます。

また、地元の企業や個人経営者が対象となるため、強引な営業でよくない噂が広まってしまうと一気に信用を失いかねないため、慎重に営業をする必要があります。

実際に営業を仕掛ける場合、レベルVの方についてはダイレクトな営業が可能となるため、今まで会話してきた中から、その方に適したサービスでアプローチしていきます。

しかし、あくまでも提案程度であり、無理に売り込んだり、しつこく営業してはなりません。そのようなことをしてしまうと、せっかくこのレベルにまで築き上げてきた人間関係が簡単に崩れてしまうからです。

次に、レベルIVの方に対する営業方法ですが、やっと仲よくなってきたレベルなので、その方へのダイレクトな提案は控え、次の手法により効果的な営業効果を狙います。

わかりやすく例示で説明すると、「先日お知り合いになった会社で、新規に人を雇用するとお聞きしましたので、私のほうでハローワークに求人を提出して、条件に該当する方が採用された場合に助成金が申請できるように求人手続きを代行しました。すると、数日前によい人材が見つかって採用したら、ちょうどトライアル雇用で、3ヵ月で12万円の助成金ももらえることになり、たいへん喜ばれました。他にもさまざまな助成金がありますが、この制度をご存じない方がほとんどなので、非常にもったいない話です。もしお知り合いの会社で、新規に従業員を募集しているところがあったら、ひと声をかけていただければ手続きさせていただきますので、お気軽にご連絡ください」と持ちかけます。

この方法により、直接先方への営業をしているわけではありませんが、その方にも興味を持っていただき、私にもくわしい話を教えてもらえませんか、といった反応も期待できます。

さらに、お知り合いの方を紹介していただけますか、といった内容ですが、紹介をいただいたからといっても、「紹介手数料を支払いますので紹介してください」といったお願いではなく、紹介者が紹介先に対して、よい情報を教えてあげたことで「株が上がる」、あるいは「貸しができる」といったメリットがあります。

言葉の使い方しだいで、数千～数万円の紹介手数料を支払わなくても、別のメリットを説明して理解していただくことで、あなたの事務所としてはコストを極限まで抑えることができます。

この方法は非常に有効なので、ぜひ試してみてください。なお、この方法とさらに数千円程度の手数料を組み合わせることで、さらなる紹介件数、およびスピードを加速させることも可能です。

レベルⅠ～Ⅲの方々は、何回も顔を合わせているからと言って、営業を開始するにはまだ早い段階です。ですから、レベルⅣに近づけるよう、会うたびごとに接触して会話ができるような関係に持っていく必要があります。

この段階の方に、無理をして営業を仕掛けてもなかなか難しい状態だし、この段階で営業をすると嫌われてしまう可能性もあるため、ここはあせらず、じっくりと関係を深めていきましょう。

4 お客様から何でも任せられる社労士とは

いきなり、「何でも任せられる社労士」と言われても、そんなことは私にはできないと思われるかもしれません。しかし、もっと自信を持つべきです。もうこの時点で、開業してからすでに5ヵ月が経過していて、いろいろと実践してきているはずです。社労士試験の知識＋実践で鍛えられた知識も兼ね備えているはずです。

お客様からすると、社会保険労務士と税理士との仕事の区別すらついておらず、本来ならば、顧問税理士に質問するべき事項も質問されることが多々出てきます。

そんなとき、「これは税理士さんの仕事ですから」とお客様の質問を突っぱねた場合、お客様はどのように思われるでしょうか？ わからないから質問をしたのに、「感じの悪い社労士だな」という印象をお持ちになるはずです。

社労士の仕事は、お客様にお会いして、いろいろな会話や質問される事項の中から仕事を発見してご提案していくのが一番効率のよい方法なので、お客様から質問された場合に、自分の専門分野でなくても答えられるだけの最低限の知識は身につけている必要があります。

お客様からすれば、税理士も社労士も同じ先生に変わりありません。しかも、社労士の仕事内容も範囲が広くてわかりづらいため、お客様が社労士とは直接関係がない質問をされる

のも仕方がないことです。

一般的な相談としては、人を新規に雇用したい、問題社員の相談、定年退職する人の取り扱い、再雇用制度についてなど、人事労務関係が多いのですが、なかには法人なりの相談や経理の伝票処理の方法についての質問、また各種伝票（旅費精算書、経費精算書、支払証明書等）がないので作成してもらえないかという依頼や、さらには資金繰表の導入や銀行との交渉について相談されることもあります。

私の場合には、前職での十数年の経理・総務実務の経験により、ほぼすべての事項に対応できるため、社労士が仕事としてできる範囲で相談に乗ったり、作成してあげています。

もちろん、税務申告や法人なりについては、それぞれ税理士、行政書士、司法書士の士業の先生に依頼しますが、その場合でも「私の仕事ではないので、別の士業の方に聞いてください」といった対応はせず、社労士の資格では対応できない部分なので、別の士業の者に質問して対応させていただきます、という対応をするように心がけています。

このように対応することで、お客様からも信頼が得られ、なおかつ他の士業の先生との交流も生まれるため、まさに一石二鳥です。

われわれ社労士のお客様の場合、税理士の先生が顧問として契約されているパターンがほとんどです。しかし、お客様からすれば、どちらに質問していいかわからないので、話しやすく、親身になって相談に乗ってくれるほうに相談することになります。

ここが非常に重要なのですが、仮に社労士の先生に「今度、人を雇用したいと考えていまして……」とお客様が質問した場合、人件費の増加等についての説明がなされたとしても、ハローワークを通じて人を雇用することにより助成金が受給できることや、雇用する方により助成金の金額が異なり、上手に活用することで人件費を圧縮できること等までは助言されないと思われます。

しかし、その相談がお客様からあなたに来たとしたらどうでしょうか。ハローワークへの求人依頼、トライアル雇用や高年齢者を活用した助成金で人件費を圧縮する提案、それに伴う就業規則の見直しによる定年延長等、仕事は無限に膨らんでいきます。

だからこそ、日常的にお客様から「何でも任せられる社労士」として認識していただくことが重要なのです。

このような状態でないとチャンスを逃すことになり、結果としてお客様に対して損害を与えてしまうことにもなりかねません。

たとえば人を雇用する場合、求人誌で高いお金をかけて募集するのではなく、ハローワークを通じて募集していれば、トライアルに該当して12万円以上の助成金が受給できる、といったことです。

お客様が何か困った際、真っ先に思い浮かべてもらえるよう、労務・人事以外についても、広く知識を深めることが求められるのです。

5　5ヵ月目の目標

5ヵ月目になると、顧問契約も増加してきており、顧問先からの電話相談や各種手続等により、かなりの時間が取られるようになります。

電話が多い日などは、1日20人以上から電話がかかってくることもあり、電話での相談や資料作成等の依頼をいただくこともあるため、場合によっては、対応するのに丸1日費やす場合も出てきます。

ですから、常に仕事を前倒しで行なっていないと、急な仕事が発生した場合には対応ができなくなってしまい、著しく信用を失うことにもなりかねません。

ということで、この時期からとくに気をつけなければならないのは、自分自身の時間管理になります。

5ヵ月目も「営業フロー図」に基づいて行動を実施した場合、第1週目では先月同様に商工会等のセミナー講師を継続することで実績を積み重ねていき、電話営業もスキマ時間を活用しながら行なっていきます。

第2週目には、会社設立時の社会保険関係の手続きをメインとしたDMを作成し、法務局や名簿業者を活用して入手した設立会社のリスト先に対して、DMを配布して、その後に電

話や直接訪問で接触をすることで仕事に結びつけていきます。また同時に、事務所のHPの更新作業も随時行なっていきます。その更新した内容や苦労話についても、ツイッター等のネタとして活用することで、閲覧者を増加させて仕事に結びつける努力をします。

第3週目には、会社設立したばかりの企業を対象とした新規開拓を開始することにより、新しいお客様との出会いを増やし、さまざまな助成金情報の提供や社会保険加入の義務、労災保険の重要性、就業規則の作成理由などを説明することで仕事を受注します。

第4週目では、各種懇親会でお会いしている方に対して、「新規に正社員を雇用すると、12～100万円の受給ができる助成金があり、私の顧問先でも最近100万円の助成金の該当者がでましたが、どなたかお知り合いの企業で、新規に社員を雇用する会社はありませんか。もしよろしければ、お得な助成金情報をお知らせにうかがいたいのですが……」というスタンスで情報提供をすることにより、さりげないアピールが可能となります。このような方法で、「ガツガツ」しない営業を行なうのです。

この時期の商品としては、近年表面化してきている労働問題の事前回避のために、就業規則を診断しますといった感じで、就業規則の作成・見直しといった高額商品の受注も可能となってきます。

7章
6ヵ月目に実施する事項

1 他の社労士との業務提携について

6ヵ月目になると契約先も増えてくるため、お客様からの電話対応だけでもかなりの時間がとられ、さらに事務処理も増えてくるため、新規開拓をする時間が削られていきます。

しかし、新規開拓を積極的に行なわないと、スポット契約先や顧問契約先を増加させることは難しくなっていきます。そこで私の事務所では、他の社会保険労務士と業務提携をする方法を考えました。

具体的な方法としては、以下の通りです。支部会や社労士の各種研修会に参加していると、営業活動があまり思わしくない社労士が多々見受けられるので、その中から仕事を一緒にやっていけそうな方を見つけて、本人にやる気があるかどうかを確認します。

本人にやる気がある場合には、私の事務所で作成した資料を提供して、「ターゲット」についてや「営業トーク」等をひと通り説明して活動をしていただきます。さらに、定期的に営業活動の報告を受けながらアドバイスを行なうことで相手の不安を取り除き、さらにやる気を出していただいています。

内容的には、助成金のスポット契約になり、私が実施しているのはパートタイマー(短時間労働者)の助成金になります。この助成金は、パートタイマーに評価資格制度を導入し

て、対象となる労働者が発生した場合、15万円（1回目）、さらにその対象者が6ヵ月後も勤務していた場合に25万円（2回目）と、合計40万円の助成金が受給できる制度です（H23・3・31で一部廃止）。さらに、パートタイマーに健康診断を導入した場合（対象となるのは、労働時間がその企業の一般の労働者の4分の3未満の方）で、2年以内に4人以上の対象者があった場合、2回に分けて合計40万円の助成金が申請できるというものです。

これを、お客様が見てもすぐにわかるような資料を作成して説明することで受注を獲得しています。また、その助成金を申請するためには、就業規則の作成および人事考課表の作成等が必要であり、さらに人事考課表の導入指導も実施する必要があるため、これらをすべて当事務所で行なう安心パックの場合には、報酬金額を10～20万円（作業量に応じて）としています。

しかし、お客様に助成金が入金された後、その入金額の中から報酬をいただく方式にしているため、万一、何らかの事情で助成金が入金されない場合には一切報酬を請求しないことにしています。

これにより、お客様にとってのデメリットは限りなく0に近くなるため、スムーズに依頼を受けることができます。

さらに、ターゲットは個人事業主でもかまわないため、一般企業以外にも理美容院、歯科医院、和菓子屋、小規模スーパー、居酒屋、ラーメン屋、パン屋など幅広いため、営業もや

りがいがあります。

さらに、土曜日曜でも営業活動が可能であるため、「真面目かつわかりやすく説明すれば」最低でも1日1件は受注できるでしょう。

業務提携をしている社労士の方には、営業マン的に動いていただき、受注した際の事務処理（就業規則や人事考課表の作成等）は私の事務所で作成することで、「業務分担」をしています。

これにより、お互いにメリットがあります。

営業マン的に動く方は、営業をメインとして実施すればいいため、どんどん営業して仕事を受注することができ、さらに人事考課表の導入等の説明などでお客様との接触回数が増えるため、助成金の申請後は顧問契約の見込み客となって、かなりの確率で顧問契約へと発展することが予想されます。

逆に、私の事務所（書類作成側）は、営業時間が不要となります。

提携社労士が営業して仕事を取ってきていただければ、書類作成は夜でも可能なので非常に効率的です。また、直接お客様の所へうかがうこともないため、移動コストや時間もかからず、利益率が高くなります。

このように、お互いにメリットがあり、さらに別のターゲット向けのプレゼン資料も作成しているため、さまざまな分野を効率的に攻めることができます。なお、現在はまだ2名の

方との業務提携ですが、いずれは地域拡大とともに、人数を増やしていきたいと考えています。現在の2名の社労士の方は、私とは市町村が異なるため、営業エリアが被ることもなく、まさに理想的な関係となっています。

この業務提携も、単なる口約束ではなく、私の事務所で作成したプレゼン資料に対する秘密保持契約、さらには当事務所で書類作成業務の依頼を受けるわけですから、業務委託契約を締結したり、書類の面でも細心の注意を払いながら行なっています。

現在は、まだ始めて2ヵ月も経過していない状態ですが、すでに助成金だけで40件程度の受注をいただき、書類作成に追われる毎日です。

このように、自分では身動きがとれない状態になっても、他の方の力を借りることでwin-winの関係を作り上げ、なおかつ利益を上げる方法の模索も必要となってきます。

もちろん、従業員を雇って営業マン的に業務をさせる方法もありますが、その場合にはたとえ受注がなくても給料を支払う必要があるため、リスクが高いものとなります。しかし、他の社労士との業務提携なら、実際に受注してきた案件に対して事務処理を行なうことで報酬が得られるため、従業員を雇用する場合に比べてリスクは低いものとなります。

このように、他の社労士とwin-winの関係で仕事ができるような仕組みを考え出すことで、より効率的に売上げをアップすることが可能となります。

あなたのライバルである社労士を味方につければ、これほど心強いものはありません。

しかし、このような業務提携をする場合の注意点は、あなたが苦労して考案したプレゼン方法を他の社労士へ教えるわけですから、よほど信頼の置ける社労士をパートナーとして選択しないと、ノウハウだけを盗まれてしまう危険性もあります。

この点に関しては、いくら秘密保持契約や業務委託契約を締結しても防げるものではありません。だからこそ、事務処理はあなた側がする必要があるのです。実は、この部分が最も重要な部分となるため、この部分のノウハウがなければ、いくら営業をして仕事を受注しても肝心の助成金が支給されないため、単なるくたびれ儲けに終わります。

しかし、自分が信じて業務提携をしたパートナーですから、そのパートナーを信じて、ともに全力を尽くすことで、信頼関係をよりいっそう深め、一生付き合えるような関係になるよう協力していきたいものです。

2 顧問先を定期訪問する理由

顧問契約先が増え、日常業務に追われるようになると、時間がないために給与計算等を受託した先以外の顧問先で入退社等の事務手続きがない会社については、訪問する機会が減ってきて、事業主と会話をすることも少なくなってきます。

しかし、これではその会社の新しい情報を入手する機会が失われることになるため、ニュースレター等を毎月発行して、それを届けるという名目を利用して、なるべく事業主の方と直接会話をする時間を作るように心がける必要があります。

なぜ、すでに顧問先になっていただいている会社に対して、定期的に訪問する必要があるのか？ それは、顧問契約の契約内容により異なってきますが、たとえば相談業務のみ契約の場合であれば特段相談ごとがなければ、顧問先から電話がかかってくることはないし、入退社の手続業務が顧問契約に含まれていても、会社によっては入退社がほとんどない企業もあるため、そのような場合にも、顧問先から連絡がくることはありません。

しかし、毎月の顧問料をいただいているわけですから、先方から連絡があるまで放置しておいて何のフォローもしなければ、顧問先も契約の必要性に疑問を持つことになり、契約を解除される可能性も高くなります。

さらに、定期的に訪問をして事業主と会話をしなければ、その会社の最新情報は入手できないため、新しい提案をすることもできません。

ここで言う最新情報とはたとえば、①「今度、○○さんが退職するので、人を新規で採用しなければならない」、②「事業を拡大して新店舗をオープンするので、求人広告を出す準備をしている」、③「1日数時間、事務所の清掃をしてくれる人を探している」、④「60歳を過ぎて再雇用を数回した社員がまだ必要なので、来年も雇用する予定」、⑤「最近の若い者は退職の際の引継ぎをしないで退職するので困っている」、⑥「今月で、社員の○○さんが60歳になるので再雇用をするが、その場合給料が一気に下がるので本人との話し合いがつかない」等、訪問すれば、さまざまな人事に関する問題が、会話の中から入ってきます。

つまり、このような会話の中に宝（仕事）が山のように埋まっているのです。

わかりやすく言うと、①、②の場合なら、トライアル雇用を活用することにより、3ヵ月で12万円の助成金が申請できることを提案、また最近では、3年以内の既卒者のトライアル雇用を活用して80～100万円の助成金の申請を提案することで、その助成金の申請業務の一式について仕事を受注することができるし、③の場合であれば、短時間の簡単な清掃ということなので、60～65歳未満の短時間労働者を雇用することで、高年齢者雇用開発特別報奨金60～90万円の助成金の活用を提案したり、④の場合なら、就業規則を変更して定年延長を

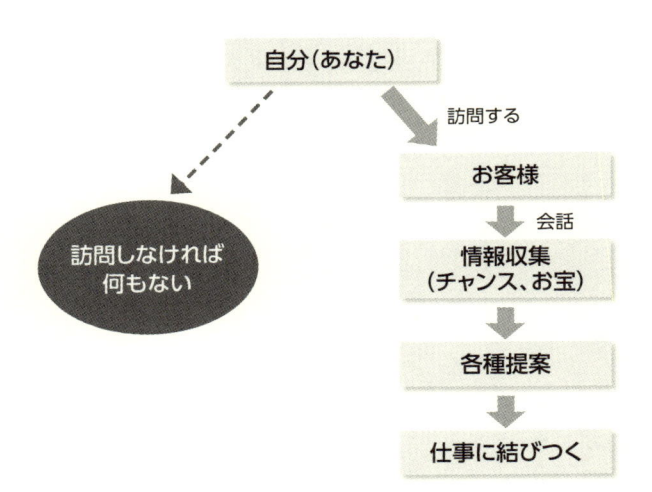

```
自分(あなた) ──訪問する──→ お客様
                              ↓ 会話
                          情報収集
                          (チャンス、お宝)
                              ↓
                          各種提案
                              ↓
                          仕事に結びつく

訪問しなければ何もない
```

することにより、定年引上げ等報奨金40〜最大160万円の助成金が申請できる可能性があります。⑤の場合であれば、就業規則の退職金の規定を改定することで、引継ぎをしないで退職した者には退職金を一部減額、または全額支給しない定めをすることで、「引継ぎをして退職をする方向」に「軌道修正」できることを提案、⑥の場合には、この機会に給与計算のアウトソーシングを当事務所に委託したほうが、新規に雇用するより、年額でかなりのコストダウンが可能になります、と提案することで給与計算を受注することも可能です。また、⑦の場合であれば、高年齢者雇用継続給付金制度等の説明を行なって、本人(従業員)が実際に受け取れる金額を計算してあげることで、給付金の事務手続きを受注することも可能です。

このように、会話の中には「さまざまな情報

が眠って」いて、定期的に事業主と会話をしなければ、そのようなチャンスも失われることになります。

私の場合でも、別のお客様の仕事で顧問先の近くまで行く場合には、用事がなくても訪問して事業主と数十分でも会話をすることにしています。

そうすると、かなりの確率で「今月で人が辞めるので、新規に募集をかけているところです」とか、「人手が足りなくなったので、今募集をかけなくては」といった話があるので、新規採用をした場合の助成金活用等をご説明して、すぐに手続きをさせていただくことも少なくありません。

したがって、新規開拓をするよりも、逆にちょっと近くに来てみた場合のほうが、仕事が取れるケースが多いように感じます。

訪問する際には、別に何の理由も必要ありません。顧問先であればなおさら、「近くまで来たのでお邪魔させていただきました」と言って、アポなしで訪問してもいいのです。事業主が忙しそうであれば、そのまま失礼するか、社員や店員と少し会話をして現場の状況を教えてもらってもいいし、事業主にしても定期的に訪問してくれて、自分（事業主）のことを大事にしてくれていると思っていただくことができます。

3 遺族年金手続DMの作成方法

ここでは、遺族年金のDMの作成方法についてご説明します。遺族年金にはご存じの通り、遺族基礎年金、遺族厚生年金がありますが、その内容は複雑で、まずは「遺族年金を受けることができるのか?」ということから調べなくてはなりません。

この手続きを、ご家族が亡くなった方の悲しみ、また葬儀等により疲れきった状況でしなくてはならないため、非常に負担となります。

しかし、現在の制度では遺族年金は申請手続きをしなくては受給することができないため、早急に手続きをする必要があります。

しかし、まったくの素人が遺族年金の手続きをするとなると、年金手帳、年金証書・恩給証書、戸籍謄本、住民票、住民票の除票、所得証明書・課税証明書、死亡診断書または死亡届の記載事項証明書等、さまざまな書類が必要となり、書類をすべて揃えることは容易なことではありません。

この部分に着目して、一家の大黒柱を亡くして困っている家族の方の手助けをしながら、社労士事務所の仕事として活躍できるフィールドと考えて、DMという手段で「お手伝い」をさせていただくことにしました。

この仕事はニッチな部分ではありますが、確実に需要がある部分であり、今後その需要は増加傾向にあります。

この仕事は、基本的には個人の方がお客様となるため、通常1回限りの手続きになりますが、一所懸命対応させていただくことにより、口コミで広げていくことも可能となってきます。

私も、遺族年金については勉強中ですが、わからない部分は市販の書籍を参考にしたり、年金事務所などに質問をしながら進めれば書類の作成はできるので、ぜひこのフィールドでも活躍できるようになっていただきたいと思います。

表現が適切ではありませんが、地道に確実に収入を得たいのであれば、開業当初はこの仕事を併用したほうが事務所の収入を安定させやすいでしょう。

具体的なDMの送付物についてですが、基本は郵送になるため、DM＋名刺＋事務所案内となります。この際の名刺は、顔写真等が印刷されているインパクト名刺ではなく、通常の白黒の文字だけの名刺にします。

これは、御主人等を亡くして悲しみに暮れている家族に対する配慮であり、カラフルで派手な名刺では失礼だからです。

私の事務所で使用しているDM（次ページ）を参考にして、あなたの事務所のオリジナルDMを作成してください。

遺族年金を受けるためには、請求手続きが必要です!

難しい手続きを専門家である、社会保険労務士がお手伝いさせていただきます

下記事項について無料にてご相談をお受けし、その後、遺族年金のお手続きをお手伝い(有料)をさせていただきます

- ① 遺族年金を受給することが可能か
- ② 該当する遺族年金について
- ③ 遺族年金を受けられる方について
- ④ 遺族年金の試算(概算)について

ご面倒な手続きは、国家資格保持者であり、社会保険手続き等の申請代行を認められている当事務所の社会保険労務士にお任せください

お気軽にお問合せください
ご自分でお手続きされるよりも、専門家へ手続きを依頼された方が安心です

★★可能な限り、お話を聞かせて頂き親身になってお手伝いさせていただきます

📱 080-○○○○-○○○○(担当田中)

無料 FAX 相談フォーム　返信先 FAX：0283-○○-○○○○

お名前	ご心配されていること
電話番号	

関東の三大師佐野厄除け大師から徒歩5分
田中社会保険労務士事務所　佐野新都心オフィス

全国社会保険労務士会連合会　登録番号　第09100003号　栃木県社会保険労務士会　会員番号　第090553
佐野法人会会員、佐野法人会青年部会員、佐野商工会議所会員、佐野市あそ商工会会員、佐野市労働基準協会会員、中小企業事業団幹事

〒327-0004 栃木県佐野市赤坂町 971-11
E-mail:srminotanaka@mail.goo.ne.jp
URL：http://srminotanaka.homepagelife.jp/

田中　佐野新都心　検索

佐野ハローワーク前、栃木労働基準監督署前に電柱広告を設置しております

★★当事務所代表者である田中実は現在、大手出版社から来春発売予定のビジネス書籍執筆中!

| 3ヵ月 | 2ヵ月 | 1ヵ月 |

このDMで最も重視している点は、「遺族年金を受けるためには申請手続きが必要」ということです。

死亡届けを提出すれば、自動的に遺族年金が受給できるわけではなく、遺族年金受給の条件に該当していても申請が必要であることを、まず「ご遺族の方に理解」していただくことが重要です。

さらに、「ご自分で手続きをされるよりも、専門家に依頼されたほうが安心」であることを強調することで、われわれ社労士の存在をアピールすることができます。

ここまでくれば、あとはFAXの返信フォームに「心配されていること」を記載していただくコーナーを設け、ご遺族の方の悩みや状況をFAXで事前に教えていただくことで、実際に訪問してお会いするまでにある程度の準備が可能となります。

また、①遺族年金を受給することが可能か、②該当する遺族年金について、③遺族年金を受ける方について、④遺族年金の試算（概算）については、無料で相談に応じるようにしています。

4 遺族年金のDM送付情報の入手方法

7章の③では、遺族年金手続きのDMの作成方法についてお話ししましたが、ここでは遺族年金手続きのDMを送付する先の情報の入手法についてご説明します。

結論から先に言うと、新聞紙上で「おくやみ」コーナーを見るのです。

私の事務所の場合だと、読売新聞の「栃木」を見ると、栃木県内に居住されていた方が亡くなった情報が掲載されています。その情報とは、①地域、②名前、③年齢、④経歴、⑤お通夜、⑥告別式、⑦葬儀場、⑧喪主などです。

その情報を元に、電話帳などで検索すれば住所がわかるので、失礼のないように配慮しながら、遺族年金手続きのDMを送付します。

なお、「おくやみ」コーナーを見て、すぐにDMを送付すると、お通夜、告別式の最中にDMが届いてしまうことになるため、告別式が終わって数日経過した頃に届くように郵送することを心がけます。

さらに、封筒は地味目の物を使用して、切手を貼って送付する場合には、切手の柄にも気を遣います。明るい絵柄のものやマンガ等の切手を貼って送付するのはこの場合、非常に失礼に当たるため、細かなことでも注意しなければなりません。

| 3ヵ月 | 2ヵ月 | 1ヵ月 |

気をつけて対応していかないと、苦情の電話がかかってくる可能性もあるため、DMの内容、送付するタイミング等には注意が必要です。

基本的な情報の入手方法については、この方法が最も正当な方法であり、新聞に掲載されている情報であり、広く一般に告知されている情報であるため、法的にも問題はありません。

しかし、この方法だと事務所の所在地の都道府県情報しか入手できないため、隣の都道府県の情報を知りたい場合には、そこまで移動して新聞を買い求める必要があります。

私の事務所の場合、隣は群馬県館林市なので、車で10分も走れば群馬県の新聞店で新聞を購入することができます。しかし、都道府県の県境が遠い場合には情報入手のために移動するのはたいへんです。その場合には、次のような方法を併用するのがいいでしょう。

私も未だそこまではできていませんが、今後の課題として検討している方法をお話しします。それは、事務所周辺(半径50km圏内)の葬儀業者を1軒ごとに廻って、事務所のパンフレットの中に遺族年金のDMを挟み込んだものを設置していただくのです。

仮に、10軒訪問して1軒設置していただくことができれば、かなりの場所に設置していただけることになります。

この場合、葬儀業者に対しては、「自分の社労士事務所のパンフレット」を設置した場合の葬儀業者のメリットを説明して、理解していただくことが重要です。

の葬儀業者の具体的なメリットとは、葬儀に関しては専門の業者なので、当然一式すべてを

お任せできるわけですが、葬儀後の手続き「遺族年金の手続き」まで手配してくれれば、お客様（ご遺族）としてみれば、最後の事務的なことまでフォローしてもらうことができたため、口コミが広まることが期待できます。

現在、葬儀業者は増加傾向にあり、葬儀業者の運営が非常に厳しくなりつつあります。そのため、他の業者との「差別化」として活用していただくことができれば、パンフレットの設置だけでなく、葬儀のトータルパックとして組み込んでもらうことも可能です。

こうした葬儀業者とのコラボレーションにより、社会貢献をしながら確実に仕事が取れる仕組みを、こちら側から提案して実現させることになります。こちら側からこのような提案をすることで、ニッチな手続きであっても、社労士業務の一部として取り入れることが十分可能となってきます。

一番望ましいのは、新聞を見てDMを郵送するのではなく、葬儀業者と提携して、手続方法がわからず困っている方のお手伝いとしてお仕事をさせていただくのがいいでしょう。そのほうが失礼がないし、ビジネス的な考え方で言えば効率的です。さらに、大きなビジネスになっていく可能性も秘めています。

このように、社労士業務の中には他にもニッチな仕事があるので、そのような仕事も併用しながら事務所運営を考えていけば、より安定した収益を確保することが可能になります。

5 優先順位を決めて効率的に仕事をする方法

いよいよこの時期になると、顧問契約も複数あり、スポット契約も多数抱えた状態になるため、事務所の仕事を1人でこなすことは難しくなってきます。

たとえば、顧問契約先が30件近くになると、ほぼ毎日複数の顧問先から電話があり、入退社に伴う手続き、問題社員等についての労務相談、扶養内で仕事をしたい方に対する労務管理、定年退職者の再雇用問題等、要件は実にさまざまです。

これに加えて、毎月の定例業務として給与計算を受注している顧問先が複数あれば、給与計算だけでも丸1日かかる先も出てきます。また、その間も給与計算だけに集中して仕事ができるわけではなく、いろいろな所から電話がかかってくるため、なかなか思うように業務が進まなくなってきます。

したがって、仕事の優先順位を決めて効率的に仕事をしなければ、うまく仕事がまわらなくなってきます。

もし、優先順位を考えないで仕事を進めていると、給与計算が期日までに間に合わなくなったり、助成金の申請期限が過ぎて受給できなくなるなど、たいへんなことになってしまいます。

ですから優先順位としては、①期日のあるものを先に処理する、②まだ時間があるが重要度の高いものを処理する、③まだ時間があり、さほど重要でないものを処理する、といった順番になりますが、これに関してはスケジュール帳にきちんと整理をして優先順位をつけるようにします。頭の中の管理だけだと、どうしても忘れてしまったり、期日が遅れることがあるからです。

また、①は当然すぐに取りかかるべきものですが、その処理をしている中で急ぎの仕事が入ってきて、その処理も同時進行でしているうちに、②のまだ時間があるが重要度の低いものが、時間がなく重要度の高いものに変わっている場合もあります。

また、このように①および②を中心に仕事をしていると、③のような仕事、たとえば事務所の売上げ、経費関係の事務処理や書類整理、会社別の助成金申請一覧表等の作成がおろそかになり、後でまとめて整理しようとして、よけいに時間がかかってしまうことも考えられます。

だからこそ、優先順位を決めて効率的に仕事をするためには、スケジュール管理が重要になります。とくに、助成金の申請管理は非常に重要です。

たとえば、トライアル雇用の場合だと、ハローワークを通じて人を雇用してから2週間以内に、トライアル雇用実施計画書を提出する必要があります。さらに、採用日から3ヵ月経過後から1ヵ月以内に、トライアル雇用結果報告書兼試行雇用奨励金支給申請書を提出する

必要があります。

これも数件なら、覚えていることも可能ですが、20件以上同時に抱えている場合も珍しくないため、一覧表を作成して管理をしていないものが発生します。

助成金も申請期限が定められているため、申請日が1日でも過ぎると、原則として受給できなくなってしまいます。こうなってしまうと、損害賠償問題にもなりかねないし、顧問契約を打ち切られる可能性も十分考えられます。

ですから、仕事に優先順位をつける、スケジュール管理をするという基本的な事項が、実はあなたの事務所の明暗を左右する重要な事項となってくるのです。

私の事務所でも、複数の案件を抱えているため、仕事の一覧表を作成して常に更新することで対応しています。助成金関係の仕事では、就業規則を作成したり、教育のスケジュールを作成するなど、事前準備が必要なものもあり、また同時にいろいろな助成金が複雑にからみ合ってきます。

たとえば、若年者等正規雇用化特別報奨金や特定求職者雇用開発助成金のように、1年6ヵ月もの長期にわたって申請手続きをする必要がある助成金もありますが、このような助成金が別々に発生するわけですから、受注した当時にきちんと整理しておかないとパニックになってしまいます。

<平成22年10月>スケジュール表例示

SUN	MON	TUE	WED	THU	FRI	SAT
					1 A社 FGさん入社	2
3	4 G社 RTさん 若年者等正規雇用化特別奨励金 第1期申請期限	5 W社給与計算期限 K社 FGさん入社	6 H社 SHさん トライアル雇用結果報告書兼試行雇用奨励金支給申請書提出期限	7 C社給与計算期限	8 D社 OSさん入社	9 B社、G社、請求書締切日
10	11 Y社 ハローワークへ求人依頼	12 W社 LAさん トライアル雇用結果報告書兼試行雇用奨励金支給申請書提出期限	13 M社給与計算期限	14 A社 FGさん トライアル雇用結果報告書兼試行雇用奨励金支給申請書提出期限	15 U社 ハローワークへ求人依頼	16
17	18 K社 FGさん トライアル雇用結果報告書提出期限	19	20 A社、F社、P社、X社 請求書締切日	21 D社 OSさん トライアル雇用結果報告書提出期限	22 O社 FMさん 若年者等正規雇用化特別奨励金 第1期申請期限	23 X社給与計算期限
24	25 Z社 ハローワークへ求人依頼	26 F社 KHさん 若年者等正規雇用化特別奨励金 第1期申請期限	27 S社 DVさん トライアル雇用結果報告書兼試行雇用奨励金支給申請書提出期限	28 P社給与計算期限	29 H社 TMさん トライアル雇用結果報告書兼試行雇用奨励金支給申請書提出期限	30 Q社、Z社、S社、Y社、M社 請求書締切日
31						

※給与計算期限とは、お客様に給与支給控除一覧表及び個人別の給与明細票を手渡す期日の事です。

| 3ヵ月 | 2ヵ月 | 1ヵ月 |

スケジュール表は、次ページのような簡単なものでもいいでしょう。要は、申請期限を把握できればいいのです。

ポイントとしては、提出期限専用の手帳を用意して、何回か申請する必要のある助成金については半年先、1年先、1年半先の分まですべて最初に記載しておくことです。そうしないと、最後の申請が漏れてしまう可能性が高くなります。

そのため、手帳は2年程度先まである状態でなければ管理することが難しくなるため、エクセル等で作成するか、数年先のカレンダーがついている手帳が必要になります。

今のうちから準備をして、管理を始めたいものです。

6 事務所の体制を見直す時期の到来

実際に6ヵ月目が経過する頃には、非常に忙しい状態となり、優先順位を決めて効率的に仕事をしたとしても、仕事量的に追いつかない状態になる場合も考えられます。

また、契約先が増加することで、経営者や総務担当者からの問い合わせの電話も増えてきます。この電話が曲者で、複数の電話が重なると仕事が進まなくなってきます。電話が終わったかと思うと、また別の方から電話がかかってくるなど、なぜか電話は続けてかかってきます。

ですから、営業、事務処理、電話対応を1人でこなしていくのはかなりたいへんになってくるのです。

開業当時は想像もしていなかった"うれしい悲鳴"ですが、喜んでばかりもいられません。1人では処理しきれない量を抱えると、どうしてもお客様への対応が「遅く」、「疎か」になってきます。このような状態だと、せっかく契約をいただいたお客様との関係が悪化してしまうことも予想されるからです。

さらに、1人で社労士事務所を運営していると、お客様から見た場合、信用性の問題も出てくるし、電話番や簡単な事務処理をしてくれる事務員がいたほうが仕事もスムーズに流れ

かと言って、安易に人を雇用すると当然コストがかかるため、そのことを考慮しながら検討する必要があります。

すでにごぞんじの通り、人を雇用すると労働保険料が発生し、さらに週20時間以上の就業の場合には雇用保険に加入する必要があり、他にもいろいろなコストが発生します。

したがって、あなたの事務所の体制を見直す際には、「収支予想表」および「資金繰り表」を作成して、人を雇用しても事務所を運営していくことができるのか、を徹底的に検証する必要があります。どんぶり勘定で人を雇用してしまうと、事務所運営が成り立たなくなることも考えられます。

しかし、やり方によってはまだ人を雇用せず、1人で運営することも可能です。

われわれ社労士にとって、最も時間がかかるのが移動時間や営業時間、さらにはお客様との面談時間ですが、移動時間も電子申請や効率的な届出（郵送や複数のお客様の書類をまとめて提出する）等により、ある程度は削減することができます。

また逆に、お客様との面談時間は仕事にもつながる重要な時間ですから、削減することはできません。

では、営業時間はどうでしょうか。実は、この営業時間こそが、やり方しだいで大幅に削減することが可能なのです。

7章の①で、他の社労士との連携について述べましたが、この方法を活用することで、自分の時間を大切にしながら、営業時間を大幅に削減することが可能となります。他の社労士と業務提携をすることで、自分が営業に費やす時間が減少するからです。こうすれば、1週間単位で見た場合かなり時間的余裕が生まれるため、何とか1人でも対応可能となります。

本当は、人を雇用したほうが望ましいのですが、コスト面を重視するのであれば、このような方法も選択の一つとして検討してみるのもいいでしょう。

私の場合も、この方法を活用することで、何とか1人で仕事をこなすことができています。とは言っても、朝から夜中の12時過ぎまで仕事をしている状態で、簡単な作業については妻に頼むことも少なくありません。

どちらの方法を選択するかは、あなた自身が決定すべきことですが、この時期になったら、一度は事務所の体制についてじっくり考えてみる必要があるでしょう。

また、現時点では人を雇用する予定がなくても、今後の収支予想表や資金繰り表の作成は重要なので、もしまだ作成していないようなら、今からでも作成することをお勧めします。簡単な収支予想表のフォームを記載しますので、これを参考にして、オリジナルの表を作成してください。

	4月		5月		6月		7月		8月		9月		10月		11月		12月		1月		2月		3月		合計		備考
	予算	予想	予算	予想	予算	予想	予算	予想	予算	予想	予算	予想	予算	予想	予算	予想	予算	予想	予算	予想	予算	予想	予算	予想	予算	予想	
売上高																											
前月繰越																											
現金収入 現金売上																											
振込入金																											
売掛金回収																											
その他収入																											
合 計																											
買掛金支払																											
未払金支払																											
現金支出 人件費																											
諸経費支払																											
支払利息割引料																											
その他支出																											
合 計																											
差引過不足																											
借 入 金 借入金(調達)																											
返 済 借入金(返済)																											
次月繰越																											

調 達	○○○銀行より支払	
	○○○銀行より支払	
	○○○銀行より支払	
	○○信用金庫より支払	
	その他	
合計		
返 済	○○○銀行へ支払	
	○○○銀行へ支払	
	○○○銀行へ支払	
	○○信用金庫へ支払	
	その他	
合計		

売掛金残高	

[平成23年度 収支予想表]

事務所名　　　　　　　　　平成23年○月○日　作成
　　　　　　　　　　　　　○○社会保険労務士事務所

(単位:千円) 税込

		1月	2月	3月	4月	5月	6月	7月	8月	9月	10月	11月	12月	合計
売上高 (収入)	顧問契約													
	A社													
	B社													
	C社													
	D社													
	E社													
	F社													
	G社													
	H社													
	…													
	スポット契約													
	就業規則													
	助成金													
	労働保険申告													
	算定基礎届													
	その他													
	保険勝負(代理店手数料)													
	その他(講演料等)													
	小計													
経費 (支出)	家賃(事務所賃貸料金)													
	人件費(社員・パート代)													
	旅費交通費(電車代、ガソリン代)													
	通信費(電話代)													
	水道光熱費(水道、電気代)													
	事務用品費(ペン、ファイル代)													
	消耗品費(プリンタートナー代等)													
	新聞図書費(新聞、書籍代)													
	租税公課(収入印紙)													
	広告宣伝費(チラシ、名刺、DM代等)													
	会費組合費(各種所属団体会費)													
	会議費(会議室代、打合せ喫茶代)													
	接待交際費(飲食代金等)													
	雑費(ジュース代等)													
	小計													
	差引													

7 6ヵ月目の目標

いよいよ6ヵ月目になると、忙しさもピークに達してきます。ですから、なるべく効率的に行動をしていても、1人で事務所を運営していくことに限界を感じるようになると思われます。

そこで、従業員を雇用したり、他の社労士と提携するなど、人の力を借りながら、上手に事務所運営をしていく必要があります。そうしないと、お客様への対応を重視した場合、事務処理が間に合わなくなるし、また逆に、事務処理を優先していれば、お客様とお会いする時間が著しく減少してしまうからです。

6ヵ月目も、時系列一覧に基づいて行動を実施した場合、第1週目では先月同様、セミナー講師を継続して信用度のアップに努めながら、保険の営業も同時並行で行なっていきます。

これにより、企業訪問の回数が増加して、社労士としてのアピールも同時に行なっていきますが、6ヵ月目になると今まで実施してきた内容、セミナー講師の実績等があるので、たいへん充実したHPとなるはずです。

さらに、スポット業務で仕事をさせていただいた会社を訪問して、労働保険の申告、算定

基礎届、賞与支払届等の定例業務の委託を受けるべく営業も実施していきます。この営業も、すでにスポット契約で仕事をした関係なので、思ったよりスムーズに仕事をいただくことができます。

第3週目は、遺族年金手続きDMを作成して郵送し、新しい分野へのチャレンジも始めていきます。

さらに、顧問先も予定を組んで効率的にまわりながら、いろいろな話を経営者の方からお聞きして、その会話の中から新たな仕事を掘り起こすことも可能となってくるため、顧問先への訪問をおざなりにせず、しっかりと訪問することが重要です。

第4週目には、仕事量の増加に伴って、優先順位をつけて適切に処理することを重視しながら、事務所の体制を見直し、事務員の雇用等、今後の事務所のあり方について検討する必要があります。

さらに顧問先の増加に伴い、それぞれの顧問先の所在地が離れている場合が多いと思われるため、効率的に移動ができるように日程を組んで仕事をしていく必要があります。移動時間の短縮こそ、仕事時間の拡大につながるため、ぜひ活用してください。

6ヵ月目の目標としては、スポット契約3件、顧問契約8件（累計顧問契約30件）、月収ベースで90万円超、したがって年収ベースでは1000万円超となります。

8 1年目、2年目も継続するべし！

ここから先は、本書を参考にいろいろと実施した結果、6ヵ月が経過してあなたの第一段階の目標をクリアした時点で読み進めてください。

開業以来6ヵ月間、さまざまな営業施策を実施してきたことと思います。「誰にでもできる事項」が中心となっていますが、やはりそれなりに苦労があったことと思います。そして、そのがんばりによって、当初目標としていた場所にたどり着けたことと思います。

しかしここはゴールではないし、ここで満足して手を抜いたり、感謝の気持ちや向上心を失ってしまうと顧問契約を解除されたり、また今後の新規契約が思うように増えなくなる可能性があります。

今後も、他の社労士が実施していない施策を実施して、それを他の事項と結びつけることで相乗効果を生み出し、常に高い目標に向かって行動することが、今後の社労士人生では重要になってきます。

年収が1000万円に達すると、社労士業界ではとりあえずは成功者の仲間入りができたかもしれませんが、まだまだ経験・実績が浅いことは否定できません。

したがって、今後は顧問先を中心として、スポット業務についても積極的に受注すること

を心がけ、スポット契約先を顧問契約先へとランクアップさせることで顧問先を増やし、事務所のさらなる発展に注力する必要があります。

ここまでの活動は6ヵ月間の限定ではなく、1年目、2年目も継続して実施することにより、さらなる効果を生み出していくことができるため、ぜひ継続的に実施してください。

私の事務所では、6ヵ月が経過してからは、次のような事柄にもチャレンジをしています。

・**事業主向けのセミナー**

これは、事業主向けの助成金セミナーで、いろいろな助成金の中から、事業主が比較的活用しやすい助成金を選んで、その内容を事業主に理解していただき、その後自分で助成金が申請できるように、具体的な事例を挙げて説明していく、という内容になります。

このセミナーは、開催場所が重要になってくるため、文化会館や商工会議所の会議室を借りています。お客様からすれば、会場が聞いたこともない場所よりも、公共施設のほうが安心できるからです。

地域により料金には差がありますが、比較的安く借りることができます。あなたもぜひ、活用してください。このセミナーでの収益も魅力的ですが、セミナーに参加される経営者と新しいつながりができることが、何よりも魅力です。

- **職業訓練の講師**

ハローワークに行くと、職業訓練のチラシが多数掲示してありますが、私は、その職業訓練の講師を勤めています。最初は職業訓練の一部で、職業人講話を担当させていただき、その後は午前中のみ3ヵ月間（月〜金曜）の講師をさせていただくことになりました。

この職業訓練は、さまざまなコース（PC、経理関係、CAD、話し方、コミュニケーション等）があるので、もし得意な分野があれば、職業訓練を実施している会社に直接電話をして売り込むか、もしくはあなたのHPに職業訓練の講師を引き受けますと掲載しておけば、依頼の連絡が入るかもしれません。

私の場合には仕事上、偶然知り合った会社の社長が、別事業として職業訓練を行なっていたため、その関係でこちら側からアピールして講師をさせていただくことになりました。

なぜ、私が貪欲にいろいろなことに挑戦するのかと言うと、活動する範囲が広くなるほど、さまざまな方と出会う機会が増えるからです。人との出会いは実に重要であり、ビジネスにつながる可能性も高くなります。

あなたも、多方面で活躍することで人脈を広げ、さらなる発展を心がけていってください。

行動は、些細なことでもいいのです。何もしなければ何も始まりませんが、少しでも行動していれば、確実に前進していくはずだからです。

田中　実（たなか　みのる）

田中社会保険労務士事務所　佐野新都心オフィス代表。社会保険労務士。1973年生まれ。東京出身。
簿記の専門学校を卒業後、大手老舗製造メーカー2社の総務・経理部にて約14年間勤務。日商簿記1級等の資格を活用し、日常業務から決算業務、資金繰表作成、各種銀行交渉等のさまざまな実務経験や数多くの例外的事項の対応実績があり、総務・経理部長代理職を経て、2010年2月に独立開業。総務・経理の実務をわかりやすく説明できる社労士として、コンサル業務や各種助成金手続き、また第一種衛生管理者としても活動中。
各種セミナー講師、厚生労働省認定の基金訓練等の講師、アフラック募集代理店、異業種交流会主催等、さまざまな行動により人脈を構築して、日々業務を拡大している。

【連絡先】
栃木県佐野市赤坂町971-11
ＴＥＬ：080-6586-5950（直通）
ＦＡＸ：0283-21-3360
事務所HP：http://srminotanaka.web.fc2.com/
メール：srminotanaka@mail.goo.ne.jp

開業6ヵ月で確実に稼げるようになる
社会保険労務士"スタートダッシュ"営業法

平成23年3月11日　初版発行

著　者　田中　実
発行者　中島治久
発行所　同文舘出版株式会社
　　　　東京都千代田区神田神保町1-41　〒101-0051
　　　　営業　(03)3294-1801　編集　(03)3294-1802
　　　　振替　00100-8-42935　http://www.dobunkan.co.jp

Ⓒ M.Tanaka　ISBN978-4-495-59251-6
印刷／製本：萩原印刷　Printed in Japan 2011

| 仕事・生き方・情報を | DO BOOKS | サポートするシリーズ |

社労士が年収1000万円稼ぐ一番シンプルな方法

林 真人 著

社会保険労務士の価値を企業に浸透させながら、収益を上げていく方法とは？ "稼げる社労士"になるための方法を実戦的にわかりやすく解説する　　**本体1,500円**

社会保険労務士
とっておきの「顧問契約獲得術」

久保 貴美 著

いざ開業しても、どうやって営業したらいいかわからない。売上げや顧問先が増えずに悩んでいる……そんなあなたに教える「顧問契約獲得への最短の道」！　　**本体1,450円**

女性社労士　年収2000万円をめざす

長沢 有紀 著

史上最年少（当時25歳）で開業した著者が成功までの軌跡、安定経営のノウハウを本音で語る。資格を取って独立したい人への"生き方ナビゲーション"　　**本体1,400円**

社労士で稼ぎたいなら
「顧客のこころ」をつかみなさい

長沢 有紀 著

これまで以上に「顧客目線」に立たなければ、士業サバイバルの時代に生き残れない。10年後もお客様に選んでもらえる士業になるための営業のやり方・考え方　　**本体1,400円**

独学・過去問で確実に突破する！
「社労士試験」勉強法

池内 恵介 著

過去問から自分で「論点」を拾い、暗記すべき箇所を限定すれば、「省エネ」で勉強できる。目からウロコの「鳥瞰勉強法」を大公開する！　　**本体1,500円**

同文舘出版

※本体価格に消費税は含まれておりません